U0510023

云|南|少|数|民|族|文|物|辑|萃
宁夏博物馆 云南民族博物馆 编著

文物出版社

展览主办单位　宁夏博物馆　云南民族博物馆

展览策划统筹　李进增　谢沫华

展览项目负责　陈永耘　杜韵红

展览内容设计　王舒　纳蕾　金飞尧　杨莉

展览形式设计　赵涛　强辉　王进　戴江　曾学光

参展人员　赵富春　海兴华　马伟国　王瑞　王效军　杨秀山　李海东
　　　　　刘红英　冯海英　张瑞芳　金萍　包熙琨　张春杰　王茜
　　　　　杨云峰　董宏征　普宗德　罗志诚　马云岗　李佳泉　余鸣　李莉

编委会名单

主编　李进增　陈永耘

编委会委员　梁应勤　李彤　魏瑾　李建军　起国庆

图录撰稿　陈永耘　王舒　纳蕾　杜韵红　杨莉　金飞尧

资料提供　云南民族博物馆

翻译　利兰斌

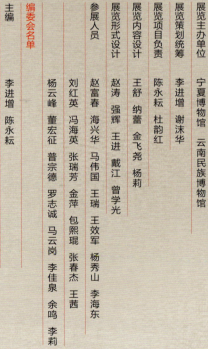

目录

致　辞

　　云南，因其美丽、丰饶、神奇而著称于世，这里林木葱茏、山川壮丽、资源丰富，是祖国西南的一块宝地。云南自古就有"彩云之南"的美称，据《云南通志》载："汉武年间，彩云见于南中，谴吏迹之，云南之名始于此。"这片富有曼妙诗意的云岭高原，有着得天独厚的自然气候，复杂多样的地理环境以及别具韵味的风俗民情，数十个少数民族在此和谐相处，共同生活，也因此赢得了"民族文化王国"的美誉。他们用智慧和劳动创造了丰富的物质与精神家园，也创造了绚烂多彩的民族文化。

　　此次由宁夏博物馆、云南民族博物馆联合举办的《云岭飞歌 ——云南少数民族民俗风情展》集中展示了近四百件来自云南 25 个主要少数民族的民俗文物，从传统服饰、手工技艺、宗教艺术、节庆乐舞四个部分集中展现了他们独特的文化魅力和民俗风情，同时也为我们研究云南少数民族的历史、文化提供了宝贵的实物资料，为共同保护和弘扬优秀的民族传统文化，增强民族凝聚力和自豪感，增进各民族间的相互尊重和理解，架起一座彩虹之桥。

　　最后让我再次对谢沫华馆长及云南民族博物馆的全体同仁表示最诚挚的谢意，宁夏博物馆会用春天般的热情欢迎各位嘉宾，让我们在塞北的江南共同聆听彩云之南飞来的和谐欢歌。

　　预祝展览圆满成功！

宁夏博物馆馆长　李进增

Ceremonial Speech

Yunnan province is famous for its beauty, opulence and mystery. It is a piece of treasure land in the south-west of China, with luxuriant growth of vegetation, magnificent mountains and rivers, as well as rich resources. Since ancient times, Yunnan was named as "south of colorful clouds". In the Comprehensive History of Yunnan, these sentences were recorded: During Emperor Hanwu's period, colorful clouds were seen in the south. Officials were sent to trace it. Since then the name of Yunnan was called. The piece of poetic Yunling plateau has peculiar natural climate, various geographical environment, and unique styled ethnic customs. There are scores of minorities harmoniously living here, and thus the name "Kingdom of National Culture" is gained. They create rich physical substance, spiritual home and colorful national culture by using their wisdom and labor.

The exhibition (Paean of Yunling Mountain - Folklore Exhibition of Minorities in Yunnan Province) is jointly held by Ningxia Museum and Yunnan National Museum. Nearly 400 pieces of folklore relics of 25 main minorities in Yunnan will be exhibited. Their unique cultural charm and folk custom are presented from four parts: traditional costume & adornment, handcraft, religious art and festival music & dance. Also it will provide us precious physical assets for studying history and culture of minorities in Yunnan, and set up a rosy rainbow bridge for protecting and developing good traditional ethnic culture, improving national cohesion and pride, as well as for promoting mutual respect and understanding between nationalities.

In the end, I express my sincere appreciation to the curator Mr. Xie Mohua and whole staffs of Yunnan National Museum. Every guest attending the exhibition will be warmly welcomed by Ningxia Museum. Let us appreciate the harmonious paean from the south of rosy Yunnan.

I wish a successful exhibition!

Li Jinzeng
Curator of Ningxia Museum

致　辞

　　《云岭飞歌——云南少数民族民俗风情展》即将在宁夏博物馆隆重开幕！在此，我谨代表云南民族博物馆向给予此次展览大力支持和密切配合的宁夏博物馆的李进增馆长及宁夏博物馆的各位同行们表示衷心的感谢！

　　举头仰望，朔色天长；侧耳倾听，凤鸣塞上。西夏王陵，别具一格；宁夏五宝，异彩流光；回民之家，年年开斋；玫瑰芬芳，盖碗茶香……位于古代"丝绸之路"上的宁夏，是中华文明的发祥地之一。她内接中原，西通西域，北临大漠，南连黄土高原。在这闻名遐迩的"塞上江南"，山川鳞次栉比，黄河奔腾不息，形成了全国最大的回族聚居区。在这片古老的土地上，各民族生生不息，创造和传承着光辉灿烂的多民族文化。

　　与宁夏一样，云南也是中国多民族聚居区。小河淌水，绕过月光下的凤尾竹，流进阿诗玛的梦乡；弥渡山歌，穿过熊熊燃烧的火把，唱出了大理三月好风光！五十二个民族兄弟姐妹的和谐共处，成就了中国少数民族数量最多、特有民族最多、跨境民族最多、实行民族区域自治的民族最多的边疆省份，也成就了云南多姿多彩的民族文化。

　　我相信，通过《云岭飞歌——云南少数民族民俗风情展》在宁夏的举办，必将会搭建起云南、宁夏两省区人民相互了解与交流合作的桥梁，对两省区民族文化的传承与保护起到积极的推动和促进作用。以此为起点，宁夏博物馆和云南民族博物馆必将会在更广阔的领域开展合作和交流，并肩协作，共同承担好守望中华民族多元文化的神圣职责！

　　预祝展览圆满成功！祝民族文化就像五月的鲜花，开遍山川原野，开遍祖国的大江南北！

云南民族博物馆馆长　谢沫华

Ceremonial Speech

The exhibition of "A Paean of Yunling Mountain - Folklore Exhibition of Minorities in Yunnan Province" will be opened in Ningxia Museum. On behalf of Yunnan National Museum, I express my sincere appreciation to the curator Mr. Li Jinzeng and all staffs of Ningxia Museum for their great support and close cooperation for the exhibition.

Raising head, the sky is wide; Listening carefully, phoenix are singing; Mausoleum of Xixia dynasty is very special; Ningxia five treasure shines extraordinary splendor; Hui people have their Eid al-Fitr festival every year; Chinese tea served in a set of cups are full of rose fragrance······ Ningxia, located in the ancient Silk Road, is one of cradles of Chinese civilization. It is adjacent to central plains and with western regions on its west, with desert to its north, and with loess plateau to its south. The well-known abundant place beyond the frontier has lots of mountains and rivers. The Yellow River runs through it. Ningxia is the biggest settlement of Hui nationality in the whole country. On the piece of old land, each nationality survives generation after generation and they create and inherit the brilliant multi-national culture.

Yunnan is similar with Ningxia that it is also a settlement of multi-nationality. Creeks flows quietly under the moonlight, flows through the phoenix-tail bamboos and flows into the dreams of Ashimas. Midu folk songs are sung through burning torches and good March scenery of Dali is sung out. 52 nationalities live harmoniously and become the border province with most minorities in quantity, peculiarity, cross border and autonomous. The varied and wonderful national culture is thus formed.

I believe the show will be a bridge of understanding, exchanging and co-operation between Yunnan and Ningxia people, and it will play an active part in forcing and promoting inheritance and protection of national culture of both provinces. As a starting point, our two museums will develop co-operation and exchange in more wide areas, and work together to accomplish the sacred duty of protecting Chinese multi-national culture.

I wish a successful exhibition and wish the national cultures will be like the May flowers, opening through the mountains, rivers, fields, and all over our country!

Xie Mohua
Curator of Yunnan National Museum

序

　　云南位于我国西南边疆，因其优美的自然风光、宜人的气候环境、丰富的物产资源、多彩的民族风情和悠久的历史文化，被冠以"彩云之南"的美称。同时，云南也是全国少数民族分布最多的省份，全省共有 52 个少数民族，主要少数民族有 25 个，其中独有民族 15 个，各民族分布呈"大杂居、小聚居"的特点，云南也由此赢得了"民族文化王国"的美誉。在漫长的历史发展进程中，这些少数民族在此繁衍生息，创造了丰富的生活与精神家园，也创造了灿烂而独特的民族文化。

　　本次展览集中了四百余件造型考究、种类多样、质地精美、内涵丰富的民族民俗文物，从传统服饰、手工技艺、宗教艺术、节庆乐舞四个部分为我们展示了云南各少数民族独特的文化魅力，同时也为我们研究云南少数民族的历史、文化提供了宝贵的实物资料，对保护和弘扬优秀的民族传统文化，增强民族凝聚力和自豪感，增进各民族间的相互尊重和理解，有较重要的现实意义。

Preface

Yunnan is located in the southwest frontier region of China. It is named as "the south of colorful clouds" due to its beautiful natural scenery, suitable climate, rich resources, varied ethnic customs, and long historical culture. Also Yunnan is the province with most minorities. There are total 52 minorities in the province. Main minorities is 25 in quantities, among which unique minorities 15. Each minority's living has the feature of "big mixed inhabitation and small scattered inhabitation". That's why Yunnan has the reputation of "National Cultural Kingdom". In the long historical development process, these minorities live and thrive here. They create the rich life and spiritual home, as well as brilliant and unique national culture.

There are total over 400 pieces of folklore relics exhibited. They are fine patterned, varied in category, high quality, and with rich meaning. Each minority's unique cultural charm is displayed from four parts: traditional costume and adornment, handicrafts, religious art, and festival music & dance. Through holding the exhibition, it will provide precious physical assets for us to study the history and culture of minorities in Yunnan. It has practical significance for protecting and developing good traditional ethnic culture, improving national cohesion and pride, as well as for promoting mutual respect and understanding between nationalities.

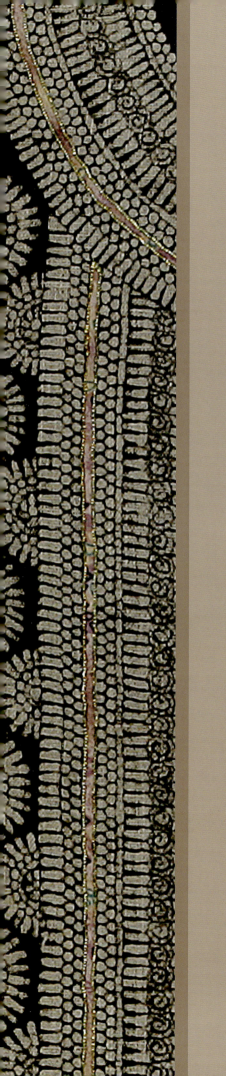

民
族
传
统
服
饰

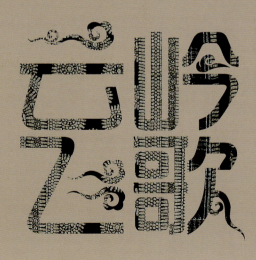

Part I Nation's Traditional Costume & Adornment

第一部分 民族传统服饰

　　从古至今，服饰都是我们生活中不可缺少的一部分。从早期人类以树叶、兽皮遮羞蔽体开始，受不同时代、不同地域、不同自然环境与文化背景的影响，服饰一直在发展变化，不断地吸收各种元素。与此同时，服饰的功能也从单一的实用逐渐转向实用与审美相结合。如今，服饰已然成为一种时尚文化。

　　云南是一个民族众多、文化多元的地区，这些少数民族的传统文化在他们的服饰中得到了淋漓尽致的体现。他们的服饰保留了各种服装的原生形态，不仅有树皮衣、兽皮衣等人类服装史的活化石，还可追寻到披裹式服装、贯头衣等早期服饰的痕迹，有简洁明快、质朴无华的日常装，也有工艺精湛、装饰精美的节日盛装。

Part I Nation's Traditional Costume & Adornment

Costume and Adornment are indispensable parts in our life from ancient till now. Since the beginning of mankind who wearing leaves and animal skin to cover them, costume and adornment has been developing and absorbing various elements due to the influence of different time, region, natural environment and cultural background. Simultaneously, their functions are also changed from practical to combination of practical and aesthetic. Now costume and adornment have become a fashion culture.

Yunnan is a place with many nationalities and multiple cultures. The traditional cultures of these minorities are vividly embodied from their costume and adornment. They have preserved the primitive state of each kind costume and adornment, not only preserved the living fossil in human being's costume history - leaves and animal skin, but also can trace to that of early stage, such as wrapping style clothing and pullover head style dress (made by pieces of clothes without sewing and worn through the head. No sleeves and its length are to knees.) In the exhibition, both simple, unadorned daily costumes and exquisitely adorned festival dress are displayed.

第一单元 传统服装

　　云南特殊的自然条件，多元的民族文化和悠久的历史，造就了千姿百态的民族服装。从各民族服装的形制、色彩和图案中，不仅可以追溯先民开天辟地的传说，找寻民族迁徙、融合的历史印证，了解各民族的生态环境、生产生活方式、社会历史、风俗习惯等，还能感悟到各民族的深层心理积淀和审美情趣。本单元选取云南20多个民族不同材质、不同形制、不同工艺、不同功能、不同文化内涵的代表性的服装。质地有树皮、动物皮、麻、火草、棉、绸缎之别；形制有大襟、对襟、交领、贯头、长袍、短衫之分；工艺包含纺织、编织、刺绣、印染等。这些服饰揭示出了云南少数民族着装的历史演变过程和各民族不同的审美心理。

Unit I Traditional Costume

Yunnan has various national costumes due to its special natural condition, multiple national culture and long history. From the style, color and design of each national costume, we can trace to the legend of creation of world to look for the historical evidence of national migration and integration, understand each nation's ecological environment, production & living style, social history, customs, etc. In addition, we also can comprehend each nation's deep mental deposits and aesthetic interests. This unit selects to display more than 20 nations' representative costumes with different materials, style, craftsmanship, function and cultural meaning. Materials have tree bark, animal skin, linen, fire weed, cotton and silk; Styles have buttons on the right, front opening, overlap collar, pullover head dress, robe, and blouse; Craftsmanship includes fabric, knit, embroidery, and dyeing, etc. These costumes can reveal the historical developing process of minorities in Yunnan and aesthetic psychology of each one.

◇ 哈尼族挑花女服
◇ 1970 年
◇ 布质

》哈尼族服饰

哈尼族人主要分布在云南南部地区，是一个开垦梯田、种植稻谷的山地农耕民族，独特的生存环境形成了哈尼族多姿多彩的服饰文化。他们一般用自己染织的藏青色土布做衣服。男子多穿对襟上衣和长裤，用黑布或白布裹头。妇女多穿右襟无领上衣，下身穿长裤，衣服的托肩、大襟、袖口和裤脚通常都会镶上彩色花边。

◇ 哈尼族树皮衣
◇ 1990 年
◇ 树皮质

树皮衣属爱伲族的服饰。爱伲族是哈尼族的一个支系，居住在西双版纳州勐海县。这种树皮衣源于古代哈尼族先民，有近千年的历史，既保温又防潮，上山生产或打猎带上既可作睡垫也可作被盖，还可以剪裁缝制衣裤等物，是人类早期服饰的遗留形式之一。树皮衣取材于云南省勐腊、勐海、西盟等县的热带雨林中箭毒木树。其制作方法是：从箭毒木树干上褪下完整的树皮筒，放在清水中浸泡和反复敲打成绒状，直至将有毒的树汁全部挤出，晒干后，就成为舒适洁白的树皮布。用这种〝布〞缝制的衣服、床垫，质地柔软，轻盈透气，保暖耐用。除哈尼族外，傣、黎等民族中也较为常见。

[树皮衣制作工艺流程图]

剥树皮…→　　　　洗树皮…→　　　　晒树皮…→　　　　　　　　成衣

◇ 哈尼族靛染银饰女服
◇ 1975 年
◇ 布、银质

红河州红河县哈尼族支
系"叶车人"女子节日
盛装。面料为自织自染
的黑色土布。头戴白布
三角尖顶巾,内穿开襟
领褂,衣摆缀蒜头形银
铃、梅花形银牌,外为
交领千层衣;胸挂坠鱼
牌银挂链,系织花腰带
及银币腰带;下为短裤。
该套服饰适宜于当地山
区梯田劳作。

》傣族服饰

傣族是云南独有的少数民族。傣族生活的地方,都是热带、亚热带地区,那里气候温热、山林茂密、物产丰富。傣族服饰也就充分体现出这些自然地理特点,淡雅美观,既讲究实用,又有很强的装饰意味。傣族男子的服饰差别不大,朴实大方,上身穿无领对襟或大襟小袖短衫,下着宽腰无兜净色长裤,多用白色、青色布包头,有的戴毛呢礼帽,天寒时喜披毛毯,四季常赤足。妇女的服饰因地区而异,传统着窄袖短衣和筒裙。西双版纳的傣族妇女上着各色紧身内衣,外罩紧无领窄袖短衫,下穿彩色筒裙,长及脚面,并用精美的银质腰带束裙;德宏一带的傣族妇女,一部分也穿大筒裙短上衣,色彩艳丽,一部分(如潞西、盈江等地)则穿白色或其他浅色的大襟短衫,下着长裤,束一绣花围腰,婚后改穿对襟短衫和筒裙;新平、元江一带的"花腰傣",上穿开襟短衫,着黑裙,裙上以彩色布条和银泡装饰,缀成各式图案,光彩耀目。

火草衣也叫火草褂子，是以野生勾苞大丁草属的叶子背面的白色绒状物纺织而成。火草是横断山脉山间的一种草本植物，生长于野外的混交林中，云南大部分地区均有分布。是原始的火镰（撞击石块取火的铁器，有点像镰刀，故名）取火时用的引火物，每株小草有四至五片叶子，叶子呈尖矛状，草叶仅长10厘米左右，叶子的背面有一层白色的纤维，可以撕下，形如棉纸。彝族、白族、傈僳族和傣族的妇女们，一到农历6月24日火把节前后，便上山去采回一筐筐火草叶，然后一片一片撕下叶背的白色绒状物，再一小段一小段地接起来，用特制的纺轮纺成纱，再使用踞织机织成宽20厘米的窄布条，缝制衣服，挎包，裙子和被子等生活用品，供日常使用。

◇ 傣族火草女服
◇ 1970 年
◇ 火草、毛、棉质

◇ 傣族挑花女服

◇ 1985 年

◇ 布、铝质

》独龙族服饰

独龙族的传统服装习惯用独龙毯。独龙毯由独龙族妇女手工编织而成，一般长约 2 米，宽约 1 米。多斜披背后，由右肩左腋围向胸前，在右肩处拴结，袒露左肩右臂。有的妇女用两条，自两肩斜披至膝，左右包抄向前。一条在腰际用绳系紧，遮蔽前后，另一条则自然披落即可。独龙毯结实耐磨，使用方便，昼可为衣，夜可当被。它的原材料是山上野生的和自己种植的麻，将麻搓成线后，用多种植物的液体染成各种各样的颜色。独龙毯从剥麻皮、纺线到按照图案纹线拴综，以至提综、引纬、打纬等要经过十几道工序，使用多种不同的器具。

◇ 独龙族麻织男服

◇ 1980 年

◇ 棉、麻质

怒江州贡山县独龙族男子传统服饰，形制为披裹式，以自织五色麻布"独龙毯"披裹于身，自腋下裹向另一肩头，在肩上拴结，袒露一肩及双臂。有的用两块独龙毯交叉围裹。该服饰对研究服装发展史有重要的参考价值。

◇ 独龙族王帽

◇ 1950 年

◇ 藤、牙质

》基诺族服饰

基诺族男子多穿白色无领对襟棉布上衣，衣背后绣有圆形彩色光芒图案，下穿宽大的裤子，长及膝处，用白色土布绑腿；女子头戴披风式尖顶帽，尖顶帽据说是模仿创世女神的衣装而制，以示对始祖的纪念。上穿对襟无领无扣镶有七色纹饰的短褂，胸前有刺绣精美、缀有圆形银饰的三角形贴身衣兜，下穿黑白相间、镶边的短裙。

◇ 基诺族麻织女服
◇ 1985 年
◇ 布质

西双版纳州景洪市基诺族女子传统服饰。面料以棉麻混纺的自织条纹布为主。戴尖顶帽，内穿黑布贴彩布挑花胸兜，外为无领开襟长袖衣，背部贴绣的"太阳花"是成年的标志；下为及膝短裹裙，打绑腿。

》佤族服饰

佤族服饰因地而异，基本上还保留着古老的山地民族特色，显示着佤族人粗犷、豪放的坚强性格。历史上的佤族，男人穿黑、青色无领短衣和宽口大裤；妇女着贯头衣和横条花短裙。随着社会的发展，佤族的服饰也开始有了变化，出现了长裙、筒裙以及一些较能体现时代感的衣着和装饰，但佤族聚居的地区仍然保持着传统的民族特色，且大多数衣服的原料是自种的棉麻，经过自纺自织成布，按其传统的方式加工制做的。织出的图案像孔雀、白鹇等的羽翎，有的像灵猫、鲮鲤等毛皮的图案。

◇ 佤族织锦女服

◇ 1985 年

◇ 布质

》布朗族服饰

布朗族的服饰，各地大同小异，穿着简朴，男女皆喜欢穿青色和黑色衣服。男子穿对襟无领短衣和黑色宽大长裤，用黑布或白布包头。妇女的服饰与傣族相似，上着紧身无领短衣，下穿红、绿纹或黑色筒裙，头挽发髻并缠大包头。

◇ 布朗族织锦女服
◇ 1985 年
◇ 布质

◇ 德昂族男盛装
◇ 1980 年
◇ 布质

》德昂族服饰

德昂族男子多穿蓝、黑色大襟上衣和宽而短的裤子，裹黑、白布头巾，青年多为白色，中老年用黑色，头巾的两端饰以彩色绒球。妇女多穿藏青色或黑色的对襟短上衣和长裙，上衣襟边镶两道红布条，用四五对大方块银牌为纽扣，长裙一般是上遮乳房下及踝骨，并织有鲜艳的彩色横线条。德昂族妇女服饰的别致在于以"藤篾缠腰"为饰。按德昂人的习惯，女子成年后，都要在腰部佩戴上数个甚至数十个腰箍。腰箍大多用藤篾编成，也有的前半部分是藤篾，后半部分是螺旋形的银丝。藤圈宽窄粗细不一，多漆成红、黑、绿等色。有的上面还刻有各种花纹图案或包上银皮、铝皮。传说古时候德昂女子是满天飞的，男子为了将女子拴住，便用藤篾做圈，套在女子腰上，日久而成俗。

◇ 德昂族女盛装

◇ 1980 年

◇ 布、银质

》阿昌族服饰

阿昌族男子常穿蓝、白色或黑色对襟上衣，下穿黑色裤子，也有穿左大襟上衣的。妇女每逢节日盛会都喜欢佩戴各种银饰。已婚妇女一般穿裙子，上穿窄长袖对襟衣，用青布包头；未婚妇女穿长裤，上身为浅色对襟衣、盘辫。

◇ 阿昌族织锦女服
◇ 1970 年
◇ 布、银质

》景颇族服饰

景颇族男子喜裹白色或黑色包头，着黑色衣裤或白衣黑裤，外出佩长刀，背挎包。妇女一般着黑色对襟短上衣和黑、红色织成的筒裙，戴黑红色藤制腰箍和腿箍，裹毛织护腿。

德宏州潞西市景颇族男子节日盛装。缠黑色缀彩色绒球包头，上为白布立领对襟高衩长衫，衣襟、衩口绣彩色图纹，袖口镶织锦；肩挂织锦挎包，下为黑布挽裆长裤。

029

◇ 景颇族男盛装

◇ 1980 年

◇ 布质

◇ 景颇族女盛装

◇ 1985 年

◇ 布、毛、银质

》纳西族服饰

纳西族男子的服装大体与汉族相同，形制简洁，色调明快，纯朴自然；纳西族妇女上身着过膝的大褂，宽腰大袖，系百褶围腰，下着长裤，背披披肩。这种披肩是纳西族独具特色的"披星戴月"衣，它是由羊皮去毛、洗净、硝白后缝制而成，披肩背上缀有七个皮质小圆牌，犹如七颗美丽的星星，肩两旁缀有日月图案，然后在披肩的两角钉上两条白布带，穿时将布带由肩部至胸前交叉为十字结，再系于腰后。"披星戴月"衣也是纳西族妇女勤劳善良美好品质的象征。古时，纳西族男子多外出经商，生产劳动的担子全部落在纳西族妇女肩上，她们起早贪黑地劳作，却总有干不完的活，于是妇女们就把星星月亮绣在披肩上，象征"星星月亮永长生，白天黑夜干活忙"，"披星戴月"衣也由此而来。

"披星戴月"衣

◇ 纳西族麻织男服
◇ 1970 年
◇ 麻质

迪庆州香格里拉县纳西族男子传统服饰。上为麻布圆领右衽长袖衣，系织花腰带，佩皮质烟袋、火镰，下为麻布挽裆裤。

》藏族服饰

藏族男女喜戴细皮帽或呢帽，内衣袖长
襟短，男着裤，女着裙，外着长袖肥腰
圆领、向右开襟系带的藏袍。有些农区
妇女夏秋着无袖袍，前系氆氇围裙，领、
袖、衣襟上镶边；男女均系腰带，穿长靴。

◇ 藏族女盛装
◇ 1985 年
◇ 布、毛、银质

》白族服饰

白族服饰，各地略有不同。大
理等中心地区男子头缠白色或
蓝色的包头，身着白色对襟衣
和黑领褂，下穿白色长裤，肩
挂绣着美丽图案的挂包。大理
一带妇女多穿白色上衣，外套
黑色或紫色丝绒领褂，下着蓝
色宽裤，腰系缀有绣花飘带的
短围腰。已婚者挽髻，未婚者
垂辫于后或盘辫于头，都缠以
绣花、印花或彩色毛巾的包头。

◇ 白族新娘装
◇ 1980 年
◇ 布质

◇ 白族麻织贝饰女服
◇ 1985 年
◇ 布、贝质

怒江州兰坪县白族支系"勒墨人"女子传统服饰。
戴红布缀海贝、白纽扣飘带头箍，上为麻布无领
右衽长袖衣，挂彩色料珠项链与海贝胸挂，挎麻
布贴彩布方包；系彩布拼贴缀贝壳长围裙，缠缀
海贝长腰带；下为黑布镶花边长摆裙。

》傈僳族服饰

傈僳族的服饰，各地大同小异，大都穿自织的麻布衣服。按照各地所穿服饰颜色的差异，又分为白傈僳、黑傈僳、花傈僳三种。白、黑傈僳妇女普遍穿右衽上衣，麻布长裙。已婚者耳戴大铜环或银饰，长可垂肩，头上以珊瑚、料珠为饰。年轻的姑娘喜欢用缀有小白贝的红绒系辫。有些妇女还喜欢在胸前佩一串玛瑙、海贝或银饰，并在海贝上刻有简单的横竖纹或钻以小圆孔，傈僳语称这种胸饰叫做"拉白里底"。花傈僳服饰更为美观，妇女喜欢在上衣及长裙上镶绣许多花边，头缠花布头巾，耳坠大铜环，裙长及地，行走时摇曳多姿，优美迷人。傈僳族男子穿麻衫，有的以青布包头，有的蓄发辫于脑后。个别在社会上享有荣誉和尊严的人，则在左耳上挂一串大红珊瑚。所有成年男子喜欢左腰佩砍刀，右腰挎弓箭，这是他们的贴身之宝。

◇ 傈僳族贴花男盛装
◇ 1975 年
◇ 布质

》蒙古族服饰

蒙古族男女都身穿宽袖长袍，束以腰带，着高可及膝的长筒皮靴。男子多戴蓝、黑、褐色帽或束红、黄色头巾；女子盛妆时戴银饰点缀的头冠，平时则以红、蓝色布缠头。

◇ 蒙古族女盛装
◇ 1980 年
◇ 缎质

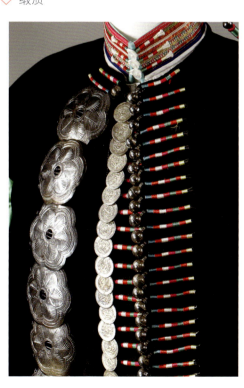

保山市龙陵县傈僳族女子节庆盛装。缠黑布包头，外裹黑布绣花缀缨穗头帕；上为黑布立领右衽长袖袍，衣襟镶花边缀铝泡，挂麻布绣花挎包；系黑布绣花长围裙，缠织锦缀贝壳腰带，臀后系黑布绣花尾饰；下为蓝布裤，打彩布拼贴绑腿。因服饰鲜艳亮丽，被称为"花傈僳"。

◇ 傈僳族贴花女盛装
◇ 1975 年
◇ 布、贝、铝质

039

》苗族服饰

苗族男子一般都穿对襟或左大襟的短衣，下穿长裤，束大腰带，头缠青色长巾，冬天脚上多缠裹绑腿。苗族妇女的头饰式样繁多，挽髻于头顶，配上各种式样的包头帕，有的包成尖顶、圆顶，有的把头发绕在支架上高竖于头顶上，别具风格。她们的服装独具特色，把银饰钉在衣服上成"银衣"，头上戴着形如牛角的银质头饰，高达尺余。

◇ 苗族挑花女服
◇ 1985 年
◇ 布质

◇ 苗族女盛装
◇ 1985 年
◇ 布质

楚雄州禄丰县苗族支系"大花苗"女子节日盛装。戴蚩尤帽，以示对祖先的怀念；穿麻布交领衣，佩织锦披肩，衣袖绣彩纹；系织花腰带，腹、臀各饰剪贴绣方巾一幅；下为蜡染百褶裙，打织花绑腿。该服装上的纹饰，代表祖先居住的城池、良田与迁徙路线，记述了苗族由北向南不断迁徙的历史。

》瑶族服饰

瑶族男女服装主要用青、蓝土布制作。男子喜着对襟无领的短衫，下着长裤或过膝短裤。妇女喜着无领大襟上衣，下着长裤、短裙或百褶裙，在服装的领口、袖口、胸襟、腰带、裙边饰以色彩斑斓的挑花、刺绣，鲜艳夺目。

◇ 瑶族女服
◇ 1985 年
◇ 布质

》布依族服饰

布依族的服饰特色是洁净淡雅和庄重大方。男子穿对襟短衣或长衫，包蓝色或白底蓝方格头巾。妇女大多穿右大襟上衣和长裤，或套镶花边短褂，或系花围腰，也有着大襟大领短袄，并配蜡染百褶长裙的，节日里还佩戴各种银质首饰。

◇ 布依族亮布女服
◇ 1985 年
◇ 布质

》壮族服饰

壮族服饰各地不一，老年壮族妇女多穿无领、
左衽、绣花滚边的衣服和滚边、宽脚的裤子，
腰间束绣花围腰，喜戴银首饰；年轻妇女着
无领、左衽的黑色上衣，包方块形状的黑帕，
穿黑色宽脚裤子。男子多穿唐装。衣料过去
多是自织的土布，现多用机织布。

◇ 壮族亮布女服
◇ 1985 年
◇ 缎质

045

◇ 壮族绣花女衣
◇ 1985 年
◇ 布质

文山州壮族支系"土僚"
女子传统服饰。上衣独具
特色，胸腹皆绣方形花锦，
花纹图案与本民族历史及
传统道德有关。

》彝族服饰

彝族支系众多，服饰款式多达上百种，大致可分为凉山型、乌蒙山型、楚雄型、滇西型、红河型、滇池及滇东南型等六个类型。凉山型男装以羊毛披毡"察尔瓦"、"天菩萨"发式和"英雄结"头饰为代表。女子多穿绣花右衽长衣（袍）或"贯头衣"，着长裤或长裙，系绣花围腰和腰带，普遍佩戴耳坠、手镯、戒指、领花等银饰。彝族服饰多以黑色为基调，衬以红黄等色，喜以虎纹作装饰，反映出彝族尚黑、敬火、崇虎等共同文化特征。

◇ 彝族火草挑花男褂
◇ 1980 年
◇ 布质

◇ 彝族火草绣花披肩
◇ 1985 年
◇ 火草、布质

◇ 彝族贴花女服
◇ 1985 年
◇ 布质

楚雄州大姚县彝族女子传统服饰。
缠黑布绣花头巾，上为黑布立领
右衽大襟衣，下为褶裙，打绑腿，
整套服装以彩布拼缝而成。虎是
彝族的原生图腾，据说这套服饰
的图纹就是模仿虎纹设计的。

◇ 彝族挑花女服
◇ 1985 年
◇ 布质

◇ 彝族蜡染男服
◇ 1970 年
◇ 布质

◇ 彝族戳纱绣女服
◇ 1990 年
◇ 布、毛质

戳纱绣又称纳锦，是传统刺绣形式之一。它是在方格纱的底料上严格按格数眼进行刺绣的。戳纱绣不仅图案美丽，而且随着线条横、直、斜的不同排列作丰富的变化，但花纹间的空眼必须对齐。

◇ 彝族贝饰女服

◇ 1980 年

◇ 布质

头部缠黑布缀海贝高包
头，上为黑布戳纱绣右衽
大襟窄袖短衣，颈挂海贝
串挂链；肩挂两个戳纱绣
挎包，包带于胸前交叉；
系色布拼接腰带，下为黑
布裙。

◇ 瑶族"道公"服
◇ 1980 年
◇ 布质

该套服装为瑶族宗教服。瑶族的宗教活动者中占主要地位的是道公,此"道公"服为道公主持日常生活中的婚嫁、丧葬、生育、开耕、治病等法事活动及宗教仪式时所穿的服装。

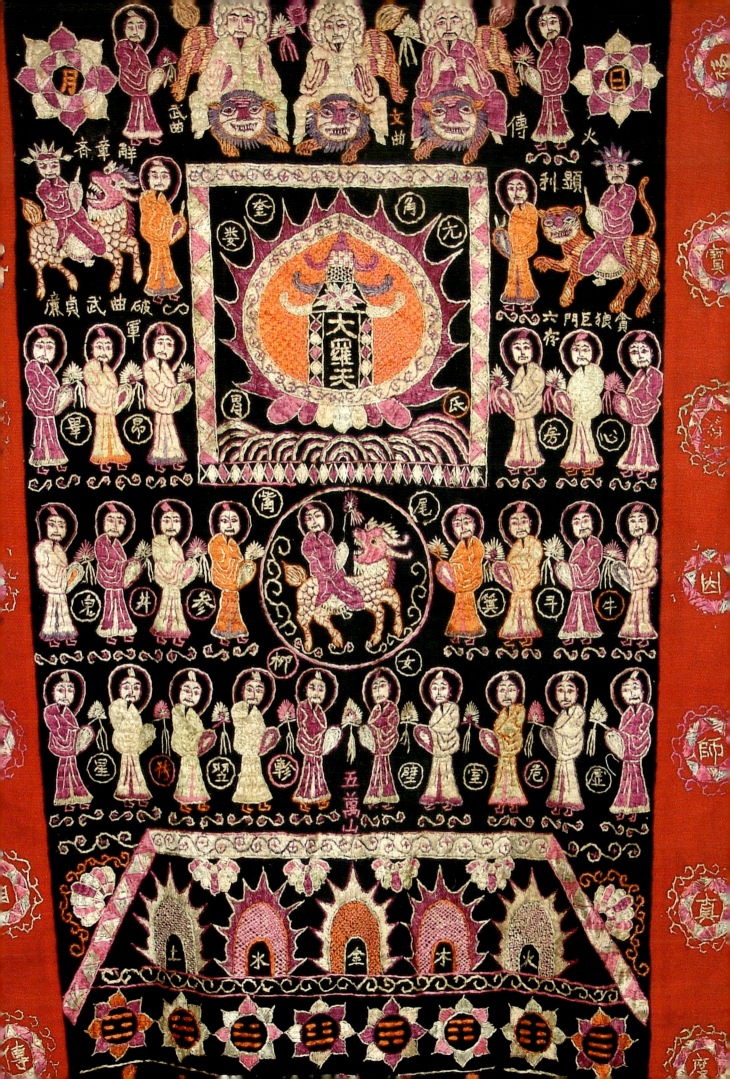

◇ 藏族"法士"服
◇ 1975 年
◇ 缎、毛质

东巴，意译为"智者"。历史上，东巴是纳西族最高级的知识分子，多集歌、舞、经、书、史、画、医于一身，是东巴文化的主要传承者。东巴们写东巴文、诵东巴经、做祭祀活动、跳东巴舞、画东巴画、唱东巴歌曲。此"东巴"服便是纳西族东巴在祭祀活动中所穿服装。

◇ 纳西族"东巴"服
◇ 1975 年
◇ 布、铜、贝质

◇ 回族宗教服装

◇ 1980 年

◇ 毛质

第二单元 饰品

    云南少数民族十分重视身体的装饰，有头饰、耳饰、项饰、胸饰、腰饰和肢饰等，饰品遍布全身。材质有牙、角、骨、羽、竹、贝、金、银、料珠、珊瑚、玛瑙等，工艺有编、雕、镂、刻、镶嵌、錾花等多种。其中尤以银饰品最为突出，显示出各族工匠的高超技艺。

Unit II Adornment

People of Yunnan Minorities pay much attention to body's adornment, such as headwear, eardrop, pendant, plastron, waist ornaments and limb ornaments, etc. The adornment can be found all over the body. Materials for adornment have tooth, horn, bone, feather, bamboo, shellfish, gold, silver, pearl, coral, agate, etc. Craftsmanship used are weaving, carving, cutting, inlay, chisel flowers, etc. The most outstanding adornments are silver made ornaments, which can show the high skills of craftsman of each nationality.

》头饰

头饰是最具装饰性的饰品，自古以来就是一种体现女性美的饰物。常见的头饰有簪、钗、篦、钿等等。云南地区少数民族的头饰则更加花样繁多。

◇ 瑶族银顶盘
◇ 1970 年
◇ 银质
◇ 直径 23.5 厘米

银顶盘为瑶族女性头部装饰物，将其戴于头顶，上面再罩以白线须帕以作装饰。瑶族妇女喜爱以银簪、银花、银串珠、弧形银板等配以彩色丝带做头饰，风格别致。

◇ 怒族银头插
◇ 1980 年
◇ 银质
◇ 长 83 厘米

怒江州贡山县怒族女
性的头部装饰物。银
质，柱状，一对，顶
部缀红丝线缨穗。使
用时插于包头一侧，
缨穗朝前垂坠。

》耳饰

耳饰是指戴在耳垂上的饰物，如耳环、耳坠、耳钉等。佩戴者通过耳饰的款式、长度和形状的变化，来调节人们的视觉，达到美化形象的目的。在云南，各少数民族都有佩戴耳饰的习俗。

◇ 德昂族银耳铛
◇ 1980 年
◇ 银质
◇ 重 102 克

◇ 藏族银耳坠
◇ 1970 年
◇ 银质
◇ 长 10 厘米、直径 5 厘米

》项饰

项饰指项间戴的链、带、圈等饰物。旧时，银制"百家锁"作为一种饰物在民间极为流行，其主要功能是消灾、辟邪、保佑孩子长命百岁，因此又称"长命锁"。

◇ 汉族百家锁（麒麟送子）

◇ 1920 年

◇ 银质

◇ 长 38 厘米

大理州大理市汉族儿童颈部、胸部装饰物，为麒麟造型。在中国民间信仰中麒麟是仁义之兽，人们称仁厚贤德、富有文采的子孙为"麟趾"或"麒麟儿"，寄寓了对子孙后代的厚望。

◇ 汉族百家锁（金玉满堂）

◇ 1920 年

◇ 银质

◇ 长 30 厘米

大理州汉族儿童颈部、胸部装饰物，为金鱼造型，以〝金鱼〞谐音〝金玉〞而名。金玉满堂即指财富充盈，也用来比喻富于才学之人，寄寓了人们对孩子的殷切希望。

◇ 汉族百家锁（永保长生）
◇ 1920 年
◇ 银质
◇ 长 41 厘米

大理州大理市汉族儿童颈部、胸部装饰物。采用錾刻、模压等工艺手法。有浅浮雕效果。挂链为银丝扣链。锁面錾刻花卉纹及"永保长生"、"长命富贵"字样，直白地表露了祈求长寿、富贵的意向。

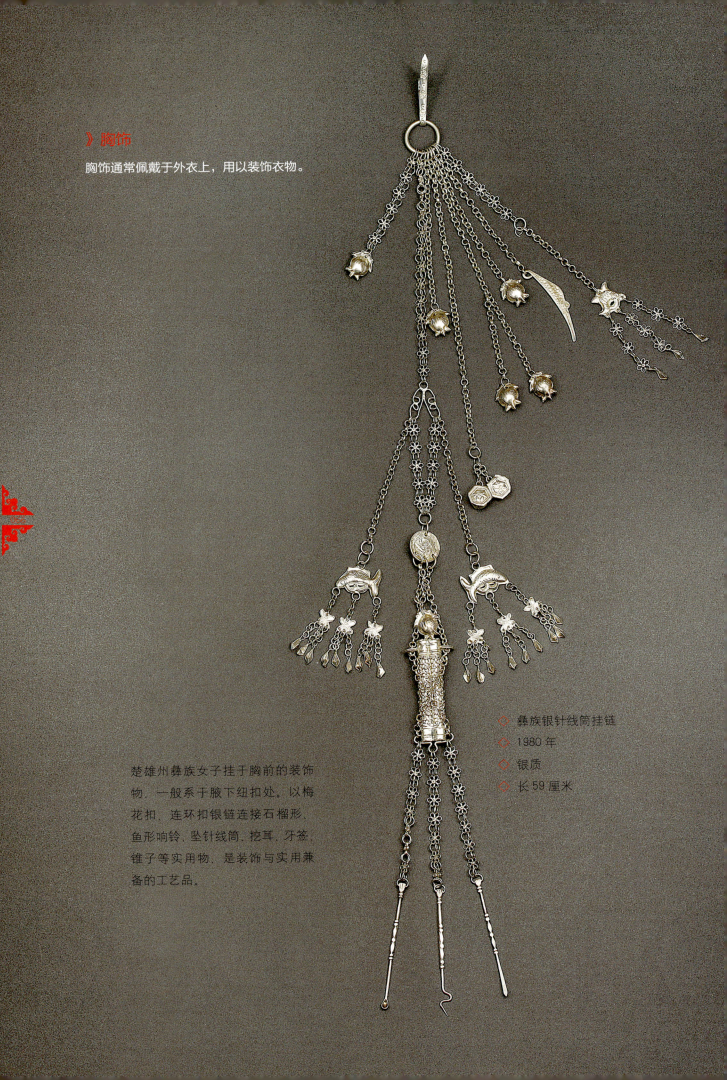

》胸饰

胸饰通常佩戴于外衣上，用以装饰衣物。

楚雄州彝族女子挂于胸前的装饰
物，一般系于腋下纽扣处。以梅
花扣、连环扣银链连接石榴形、
鱼形响铃、坠针线筒、挖耳、牙签、
锥子等实用物，是装饰与实用兼
备的工艺品。

○ 彝族银针线筒挂链
○ 1980 年
○ 银质
○ 长 59 厘米

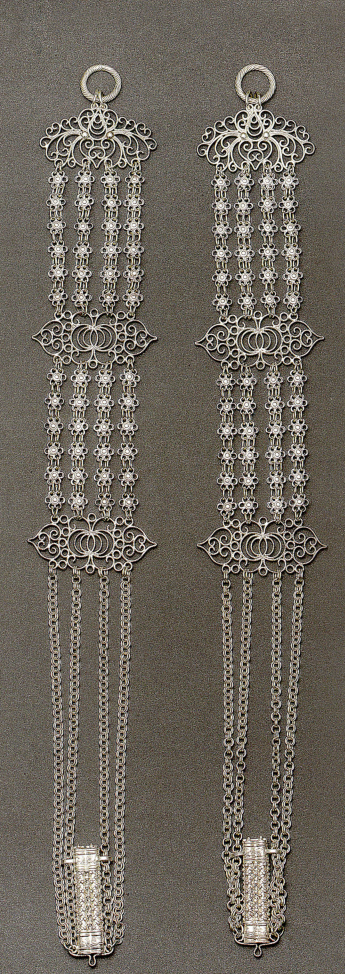

大理州鹤庆县白族女性的
胸部装饰物，一般系于腋
下纽扣处，采用花丝工艺，
以梅花扣，连环扣银链串
接镂空蝴蝶形银牌，下坠
针线筒，是装饰与实用兼
备的工艺品。

◇ 白族银针线筒挂链
◇ 1990 年
◇ 银质
◇ 重 178 克

◇ 藏族银护身匣
◇ 1980 年
◇ 银质
◇ 重 430 克

◇ 蒙古族银挂链
◇ 1960 年
◇ 银质
◇ 重 328 克

》腰饰

云南少数民族的腰饰多为用贝壳、布料、银、铁等制作而成的腰间携挂佩戴的饰品，通常主要指玉佩、带钩、带环、带板等。有些民族的男性也会以腰刀作为腰饰。

◇ 傈僳族贝腰饰

◇ 1980 年

◇ 棉、贝质

◇ 长 74 厘米

德宏州盈江县傈僳族支系"花傈僳"女性的腰部装饰物，系于腰侧，由海贝串、五彩料珠串和红线缨穗串构成，色彩艳丽，装饰性强。

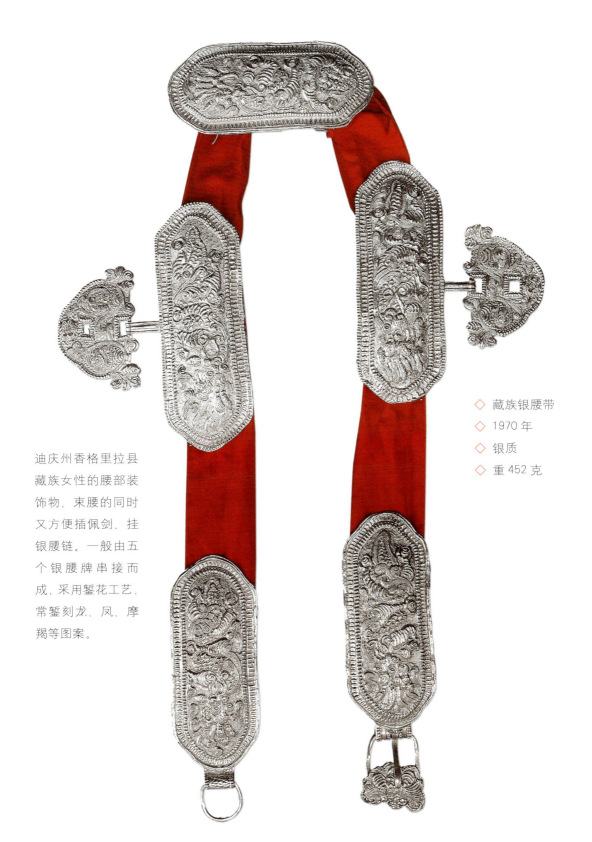

迪庆州香格里拉县
藏族女性的腰部装
饰物，束腰的同时
又方便插佩剑、挂
银腰链。一般由五
个银腰牌串接而
成，采用錾花工艺，
常錾刻龙、凤、摩
羯等图案。

◇ 藏族银腰带
◇ 1970 年
◇ 银质
◇ 重 452 克

071

◇ 哈尼族银腰牌　◇ 1960 年　◇ 银质　◇ 重 244 克

红河州建水县哈尼族女性的腰部装饰物。方形银牌上錾刻花卉纹、铜钱纹，下部以连环扣银链串接银币为饰。

◇ 阿昌族银腰刀

◇ 1970 年

◇ 银、铁质

◇ 长 29 厘米、厚 3 厘米

》肢饰

肢饰通常佩戴于胳膊上，如手镯、臂镯等。

◇ 白族扭丝银手镯　◇ 1960 年　◇ 银质　◇ 直径 9 厘米

◇ 德昂族银臂钏　◇ 1960 年　◇ 银质　◇ 重 256 克

◇ 佤族臂钏

◇ 1940 年

◇ 铝质

◇ 直径 9 厘米

第二部分

民族手工技艺

第二部分 民族手工技艺

　　手工技艺是我国传统文化的一个重要部分。先民们在生活、生产活动中积累的经验和技艺，伴随人们的生活习俗保留了下来。在现代社会中，手工技艺逐渐被现代科技所取代，而云南民间仍存留着许多珍贵的传统手工技艺。由于特殊的地理、人文环境，云南少数民族的手工技艺与其他地区相比，融入了更多的民族文化内涵和风土民俗，富含浓郁的地域特色。

Part II National Handcraft

Handcraft is an important part in our traditional culture. Our forefathers' experience and skills accumulated in living and production are preserved along with people's living customs. In the modern society, handcraft is gradually replaced by modern technique. Luckily, much precious traditional craftsmanship is still preserved among Yunnan folk people. Due to special geology and humanity environment, handcraft of Yunnan minorities is integrated with more national culture meaning and customs comparing with that of other regions. Therefore the handcraft of minorities in Yunnan has rich regional feature.

第一单元 服饰制作

　　云南少数民族众多，服饰制作工艺极为丰富，大多还保留着传统风格。仅刺绣工艺，就包含平绣、打籽绣、剪贴绣、圈金绣、连物绣等不同的针法。编织、纺织、印染、刺绣、砑光、打褶等工艺手法的巧妙运用，将平面的服装进行了层面上的美化，使其达到赏心悦目的效果。

Unit Ⅰ Costume & Adornment

There are dozens of minorities in Yunnan. The workmanship of costume and adornment is various and is preserved traditional style. Taking embroidery for example, it has plain embroidery, seed stitch, clip embroidery, ring gold embroidery, link ornament embroidery, etc. The workmanship of knitting, weaving, dyeing, embroidery, calendering, pleating are skillfully used to beautify the plain costume and pleasant effects are achieved in the end.

》编制与纺织

傣锦是流传在傣族群众中的一种古老的传统手工纺织技艺，具有浓郁的地方特色和少数民族特色。主要产地分布于傣族世居的云南德宏、西双版纳、耿马、孟连等地。傣锦织工精巧，图案别致，色彩艳丽，坚牢耐用，多以白色或浅色为底色，以动物、植物、建筑、人物等为题材。织造时傣族妇女将花纹组织用一根根细绳系在"纹板"上，用手挡脚蹬的动作使经线形成上下两层后开始投纬，如此反复循环便可织成十分漂亮的傣锦。傣锦多用来作筒帕、被面、床单、妇女筒裙和结婚礼服、顶头帕。傣锦亦作工艺美术装饰织物。

◇ 傣族织锦
◇ 1985 年
◇ 锦质
◇ 长 484 厘米、宽 30 厘米

◇ 傣族织锦
◇ 1985 年
◇ 锦质
◇ 长 232 厘米、宽 33 厘米

◇ 傣族织锦 ◇ 1970 年 ◇ 锦质 ◇ 长 135 厘米、宽 28 厘米；长 108 厘米、宽 26 厘米

◇ 壮族织锦

◇ 1985 年

◇ 锦质

◇ 长 120 厘米、宽 33 厘米

◇ 哈尼族葛藤挎包
◇ 1980 年
◇ 藤质
◇ 长 40 厘米、宽 20 厘米

083

腰织机简称腰机，由藤腰带、腰力棍、木刀、拉经棍、竹梳、竹纬线针、整绒梳等器械组成。纺者在织布时绑着藤腰带，用双足踩织机经线木棍，坐着织布。其过程是用右手持着纬线木刀，按织物的强力交替程度，用左手投纬引线，然后用木刀打紧纬线即可。

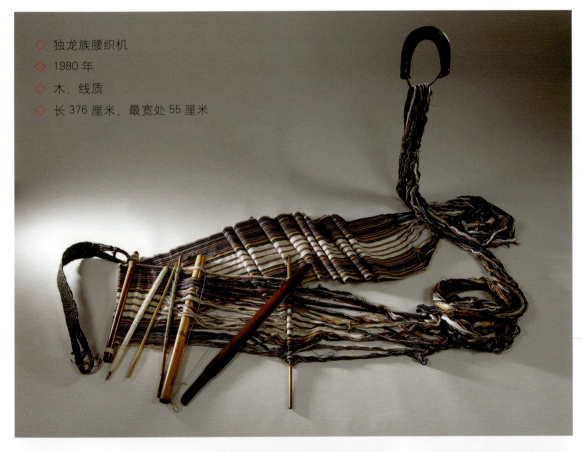

◇ 独龙族腰织机
◇ 1980 年
◇ 木、线质
◇ 长 376 厘米，最宽处 55 厘米

◇ 佤族腰织机

◇ 景洪市基诺族腰织机

》印染

印染又称染整，是一种加工方式，也是染色、印花后整理、洗水等的总称。

蜡染是我国古老的民间传统纺织印染手工艺，古称蜡，与绞缬（扎染）、夹缬（镂空印花）并称为我国古代三大印花技艺。蜡染是用蜡刀蘸熔蜡绘花于布后以蓝靛浸染，既染去蜡，布面就呈现出蓝底白花或白底蓝花的多种图案，同时，在浸染中，作为防染剂的蜡自然龟裂，使布面呈现特殊的"冰纹"，尤具魅力。由于蜡染图案丰富，色调素雅，风格独特，用于制作服装服饰和各种生活实用品，显得朴素大方、清新悦目，极具民族特色。

◇ 苗族蜡染布
◇ 1970 年
◇ 布质
◇ 长 564 厘米、宽 25 厘米

扎染古称扎缬、绞缬、夹缬和染缬，是传统而独特的染色工艺。程序是先用线在织物上扎结成绺（称线勒扎结），或在织物上缝纫（称线缝扎结），用以防染；然后入染缸浸染；浸染后抽去所扎或缝的线，在织物表面形成由深至浅的晕染花纹。在同一织物上运用多次扎结、多次染色的工艺，可使传统的扎染工艺由单色发展为多种色彩的效果。

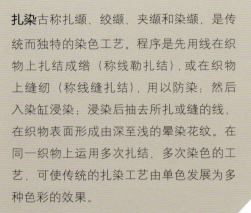

◇ 白族扎染布
◇ 1980 年
◇ 布质
◇ 边长 44 厘米

◇ 白族扎染布
◇ 1985 年
◇ 布质
◇ 长 49 厘米、宽 41 厘米

[白族扎染工艺流程图]

扎花…→

浸染…→

晾晒…→

拆线…→

成品

中国刺绣主要有苏绣、湘绣、蜀绣和粤绣四大门类。刺绣的技法有错针绣、乱针绣、网绣、满地绣、锁丝、纳丝、纳锦、平金、影金、盘金、铺绒、刮绒、戳纱、洒线、挑花等等，刺绣的用途主要包括生活和艺术装饰。

挑花：刺绣技法之一，也称"挑织"、"十字花绣"、"十字挑花"。挑花是一种具有极强装饰性的刺绣工艺。在棉布或麻布的经纬线上用彩色的线挑出许多很小的十字，构成各种图案。一般挑在枕头、桌布、服装等上面，作为装饰。挑花在我国历史悠久，流行地区较广，在西南少数民族地区，尤为普遍。

挑花《

打籽绣：刺绣技法之一。绣时将线在针尖上绕一粒状小圈，绣一针见一粒，粒粒组成绣面，故称。打籽绣的最大特点就是能使绣品凸显立体感，从而呈现出一种类似浮雕的效果。一般说来，打籽绣最适合表现的是花朵的花蕊和鸟兽虫鱼的眼睛。除了装饰性，打籽绣的实用性也很突出，那就是非常耐磨。过去人们常用的荷包就是典型的打籽绣。

》打籽绣

圈金绣《

圈金绣：刺绣技法之一，也叫"钉金"。圈金是指用特制的金线圈定纹样轮廓。多用双根金线盘出纹样轮廓并用细线固定住金线，针脚必须匀称，每针距离相等，松紧适度。金线多用圆柱形"包金线"，将金箔裁成一二分宽的窄条，缠绕在丝线上，也叫"捻金线"。用圈金针法绣出纹样轮廓后，内部针法可有多种变化，常见的有圈金打籽绣、圈金平针绣、纳纱圈金绣等。

》连物绣

连物绣：刺绣技法之一。是指绣线穿连金、银、铝、铜、珠、木、云母片等实物进行刺绣的方法。连物绣一般有两种绣法：一种是按照纹样装饰的需要，一边绣一边直接穿连实物固定，从头至尾仅用一根针线操作。珠片绣即属此种绣法。另一种连物绣需同时用两根针线，一根绣线穿连实物，另一根绣线以钉线绣针法固定连物绣线。

◇ 景颇族银饰挎包
◇ 1995 年
◇ 棉、银质
◇ 30 厘米 ×28 厘米

德宏州陇川县景颇族女性的
服装佩饰物，用来盛装随身
携带的小物件。面料为手工
织锦，包身上缝缀数十枚银
泡、银铃和银须坠。色彩艳
丽，华美夺人。

◇ 佤族连物绣烟袋
◇ 1960 年
◇ 贝、铁、布质
◇ 通长 25 厘米
   烟袋 19 厘米 ×38.5 厘米
   棉石包 6.6 厘米 ×2.8 厘米

普洱市西盟县佤族传统的烟具，
用于盛装烟丝、烟斗及点火。由
布烟袋、铜钱串、竹篾火草盒、
火镰组成。采用连物绣针法，在
黑布烟袋上缝缀贝壳作为装饰。

◇ 拉祜族贴花挎包
◇ 1995 年
◇ 布质
◇ 长 34 厘米、宽 30 厘米

普洱市澜沧县拉祜族的服装佩饰物，用来盛装随身携带的小物件，男女皆用。采用剪贴绣针法，纹饰多见锯齿纹、水波纹。以红、黑、白三色为主色调，色彩鲜明，生动跳跃。

◇ 哈尼族挑花挎包
◇ 1975 年
◇ 布质
◇ 长 20 厘米、宽 30 厘米

西双版纳州勐海县哈尼族女性的服装佩饰物，用来盛装随身携带的小物件。以自织自染的黑色土布为地料，采用十字挑花针法，纹样多见几何纹、篱笆纹、锯齿纹、三角纹、菱纹等。构图四面均衡，左右对称，多以彩色料珠、绒线球作装饰。

大理州大理市白族女性的服
装佩饰物，用来盛装随身携
带的小物件，采用平绣针法
主体纹样为连生贵子，寓意
子孙繁衍，人丁兴旺，以红
绿、黑三色为主色调，设色
生动、跳跃。

◇ 白族绣花挎包
◇ 1980 年
◇ 布质
◇ 长 22 厘米　宽 20 厘米

◇ 布依族贴花挎包

◇ 1990 年

◇ 布质

◇ 长 26 厘米、宽 39 厘米

曲靖市罗平县布依族女性的服
装佩饰物,用来盛装随身携带
的小物件。采用剪贴绣针法,
以自织自染的亮布及多种色布
拼缝而成,主体纹样为如意纹,
以红、黑两色为主色调。

◇ 水族绣花挎包
◇ 1975 年
◇ 布质
◇ 长 33 厘米，宽 30 厘米

曲靖市富源县水族女性的服
装佩饰物，用来盛装随身携
带的小物件。包身绣缠枝花
卉图案，包盖为本民族绲镶
坠绒球、须穗，极富装饰意味。

◇ 白族绣花香包（马）
◇ 1980 年
◇ 布质
◇ 高 6 厘米、宽 7 厘米

◇ 白族绣花香包（金鱼）
◇ 1980 年
◇ 布质
◇ 长 20 厘米、高 8 厘米

◇ 白族绣花香包（狮子）
◇ 1980 年
◇ 布质
◇ 高 3 厘米、宽 8 厘米

◇ 白族绣花香包（香囊）
◇ 1980 年
◇ 布质
◇ 高 9 厘米、宽 12 厘米

◇ 彝族绣花童帽
◇ 1985 年
◇ 布质
◇ 高 15 厘米

彝族支系繁多，帽子形制各异，有凤凰帽、鸡冠帽、鱼尾帽等造型。刺绣针法
繁复多样，常见的有平绣、圈金绣、连物绣等。题材以花卉和传统吉祥纹样为主。
色彩常以大红配大绿，流溢着绚丽活泼之美。

◇ 白族猪鞋
◇ 1985 年
◇ 布质
◇ 长 12 厘米、宽 5 厘米

◇ 白族蝴蝶鞋
◇ 1986 年
◇ 布质
◇ 长 11 厘米、宽 7 厘米

◇ 白族鱼鞋
◇ 1987 年
◇ 布质
◇ 长 13 厘米、宽 5 厘米

◇ 白族绣花鞋　◇ 1990 年　◇ 布质　◇ 长 23 厘米、宽 9 厘米

大理州大理市白族女性日常穿用的鞋子。采用平绣针法，在白色地料上绣五彩图案，常见凤穿牡丹一类吉祥纹样，寓意吉祥富贵。纹样多为适形组合，以串枝花居多，流畅而富于动态，有行云流水之美。

◇ 布依族绣花靴

◇ 1985 年

◇ 布质

◇ 长 25 厘米、高 16 厘米

◇ 傣族绣鞋

◇ 1985 年

◇ 布质

◇ 长 24 厘米、宽 8 厘米

◇ 傣族绣鞋

◇ 1985 年

◇ 布质

◇ 长 24 厘米，宽 10 厘米

◇ 彝族绣花腰带

◇ 1985 年

◇ 棉、丝质

◇ 280 厘米、宽 42 厘米

红河州石屏县彝族支系"花腰彝"
女性腰带。采用平绣针法，在玫
红色地料上绣五彩图案，色彩对
比强烈，新鲜、醒目，纹样题材
多见花鸟纹、火焰纹一类。

◇ 瑶族挑花婚礼头巾

◇ 1986 年

◇ 布质

◇ 长 86 厘米、宽 39 厘米

红河州金平县瑶族新娘盖头巾。采用十字挑花针法，在自织
自染的黑色土布上挑绣几何纹样。绣线采用同类色，配色古雅，
所挑纹样若隐若现，变幻多端，富有神秘浪漫的情调。

◇ 白族坐人纹挑花巾
◇ 1980 年
◇ 布质
◇ 长 40 厘米、宽 26.5 厘米

文山州丘北县白族女性使用的手巾。采用十字挑花、平绣等针法，在自织自染的黑色土布上挑绣图案，色彩以黑白对比为主，素净雅致。纹样题材有坐人纹、蝶恋花纹、花卉纹等，中心主体图案为坐人纹，带有浓郁的生活气息。

◇ 壮族绣花背被　　◇ 1975 年　　◇ 缎质　　◇ 长 148 厘米、宽 78 厘米

文山州壮族背被的中心部分。构图层次感强，色彩对比强烈，采用
平绣、网绣等针法在红色地料上绣出五彩图案，题材常见喜上眉梢、
蝶恋花、凤穿牡丹、金玉满堂、三多（多子多福多寿）等传统吉祥纹样。

第二单元 生产工具

　　生产工具是人类从事农、牧、渔、猎等生产活动时使用的工具。云南地区地貌复杂，气候多样，民族众多，各民族为了适应不同的自然环境，采集渔猎、刀耕火种、锄耕犁耕、农牧并举，创造了富于地域特色和民族特色的生产技术和不同材质、不同形制、不同功用的生产工具，充分体现出各民族适应自然、征服自然、改造自然的非凡创造力。

Unit II Production Tools

Production tools are used by humankind to go in for agriculture, herding, fishing, and hunting activities. Due to the complicated physiognomy, various climates, and varied people in Yunnan, people of each nationality worked on fishing, hunting gathering, slash-and-burn cultivation, plough, farming and herding so as to suit different natural environment. Along with their working, they invented regional and national featured production technique and tools with different material, pattern and function. From these tools, we can see each nationality's extraordinary inventive ability in adapting to nature, subduing nature, and changing nature.

◇ 傈僳族熊皮箭包
◇ 1960 年
◇ 皮、竹质
◇ 宽 18 厘米、高 36 厘米

怒江州泸水县傈僳族男子狩
猎工具，可射猎形体较大的
动物。箭包为熊皮制作，带
盖，有挎带，内装竹箭筒。

◇ 傈僳族竹箭筒
◇ 1960 年
◇ 竹质
◇ 直径 13 厘米、高 40 厘米

怒江州泸水县傈僳族男子狩
猎用具，用于盛放竹箭。龙
竹制成，带竹套盖，上漆，
系藤篾挎带，以便携带。

◇ 独龙族弩
◇ 1970 年
◇ 木质
◇ 长 66 厘米、宽 88 厘米

◇ 藏族子弹袋
◇ 1960 年
◇ 皮质
◇ 直径 56 厘米

迪庆州香格里拉县藏族狩猎用具，用于装火药，也可装弹丸，与火药枪配套使用。将木质火药袋用布带串接，便于携带。

◇ 景颇族长刀
◇ 1970 年
◇ 钢、木质
◇ 长 85 厘米、宽 6 厘米

德宏州陇川县景颇族男子佩刀，用于生产劳动和装饰。木柄、木鞘，刀鞘包银皮，如钢质，间绘红、绿、黄三色漆。

◇ 阿昌族户撒刀
◇ 1977 年
◇ 铁、银质
◇ 长 84 厘米、宽 6 厘米

阿昌族腰刀的锻制技艺流传于云南省德宏傣族、景颇族自治州陇川县西北部的户撒乡，因此也叫户撒刀。阿昌族户撒刀制作需经下料、制坯、打样、修磨、饰叶、淬火、创光、做柄、制带、组装 10 道工序，尤以淬火技艺最为突出，通过热处理使刀叶的硬度和韧性达到最佳状态，如史所称是 "柔可绕指，吹发即断，刚可削铁"。工艺独特、种类繁多，有背刀（长刀）、砍刀、腰刀、藏刀（专为藏区生产）、匕首、宝剑等近百种，工艺方面以背刀（长刀）和藏刀最为精巧和典型。2006 年 5 月 20 日，经国务院批准该锻制技艺被列入第一批国家级非物质文化遗产名录。

第三单元　生活器具

　　云南少数民族传统村落，是以自给自足的自然经济为主的社会。人们除了生产粮食外，还生产陶器、纸张、食糖、油料、布匹以及炊具、餐具、饮具、烟具等生活用品。民间工匠因材施技，巧夺天工，几乎每一件器皿用具都是实用性与装饰性绝妙结合的手工艺品，无论在功能、结构和制造工艺方面，都堪称原始技艺的杰作。

Unit III Living Utensils

The traditional villages of minorities in Yunnan are communities of mainly self-providing natural economy. Besides producing foods, people have to produce ceramics, paper, sugar, oil, cloth, and living appliances such as cooker, dishware, drink ware and smoking sets. Folk workmen made things according to different materials nature, and every utensil is a handicraft with practicability and ornament perfectly combined. No matter from function, structure and workmanship, they are masterpieces of primitive craftsmanship.

》手工造纸

中国造纸的历史可追溯到距今两千多年前，云南至少在南诏、大理国时期就已出现造纸。至今，傣、纳西、哈尼、彝、瑶、汉等民族还不同程度地保留着手工造纸技术，生产形式以家庭作坊为主，制作工具有木锤、木拍、水槽、抄纸帘等。纸的类型主要有树皮纸和竹纸两类。树皮纸坚韧洁白、久存不陈、抗蛀性强，多用于抄写经书；竹纸则多用作纸钱、卫生纸和水烟筒纸捻。傣族、纳西族的造纸技术，是目前保存的较为原始的手工造纸技术，是研究中国早期造纸技术起源的活素材。

◇ 傣族造纸工具

[**傣族造纸工艺流程图**]

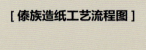

1. 原料（构树）

2. 浸泡树皮

3. 煮树皮

4. 洗树皮

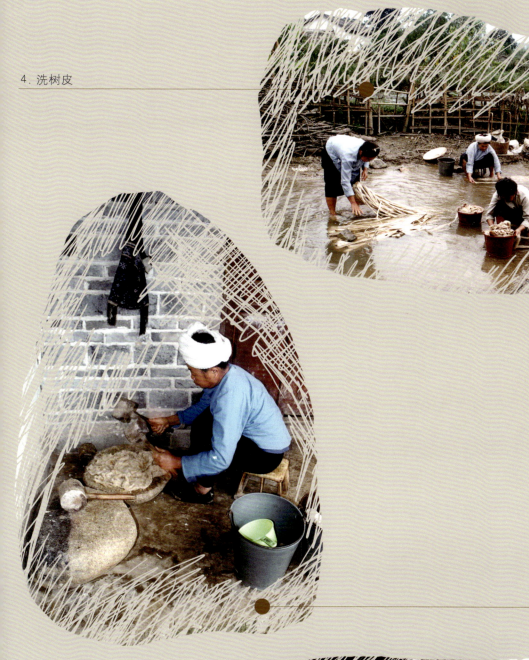

5. 捶纸浆

6. 上网成纸

春陶泥

[傣族制陶工艺流程图]

泥条盘筑

拍印花纹

》制陶

制陶是人类早期普遍存在的一种生活技术。在云南，至今仍保留着从手制到轮制等各种制陶技术。存留于傣族、藏族等民族中的原始制陶技术，对于复原中国古代制陶技术及研究制陶工艺发展史有十分重要的意义。傣族陶器分为黑陶和夹砂红陶两类，以红陶居多，仍采用慢轮泥条盘筑、平地堆烧等原始制陶技术。制陶工具有转轮、木拍、竹刮、印纹木拍、卵石、布条等，陶制品以生活用具、建筑材料、宗教用品为主。

◇ 傣族制陶工具

7. 晒纸

8. 砑光

9. 揭纸

筛陶沙

和陶泥

露天堆烧

出陶

◇ 傣族红陶油灯
◇ 1980 年
◇ 陶质
◇ 直径 12 厘米、高 25 厘米

◇ 傣族红陶侈口罐
◇ 1980 年
◇ 陶质
◇ 直径 20 厘米、高 14 厘米

西双版纳州景洪市日常生活
用品，用原始制陶工艺制坯
烧成，平底，鼓腹，侈口。
用于盛水，所盛水清冽可口。

藏族制陶以香格里拉县尼西村最为著名。制作者普遍为男性，工具有木垫板、木锤、木拍、木刮、印模等。在圜底木板上塑坯，平地堆烧后经渗碳处理，陶器色如乌漆，有的还在表面镶嵌白瓷，黑白对照，醒目别致。主要器物有茶罐、茶壶、火锅、火盆等，造型古拙，实用美观。

◇ 藏族黑陶带流茶罐
◇ 1980 年
◇ 陶质
◇ 长 16 厘米、宽 12 厘米、高 10 厘米

◇ 藏族黑陶嵌花茶壶
◇ 1980 年
◇ 陶质
◇ 直径 22 厘米、高 20 厘米

迪庆香格里拉县藏族传统茶具。用原始制陶工艺制坯烧成，经过渗碳处理，呈黑色。壶身嵌圆形白瓷片，纹饰刻划而成，手柄及壶嘴装饰龙头、虎头。

◇ 藏族黑陶火盆

◇ 1980 年

◇ 陶质

◇ 最大直径 22 厘米，高 20 厘米

》竹编

竹编，又叫竹篾编和竹丝编。方法是将竹子剖割成竹篾片（丝），经蒸煮、刮修、打光等工序，编织成器物。编织方法以两根竹篾片（丝）交叉，用压、挑的交织方法来组成十字、人字、六角等纹样。云南的傣、苗、独龙、拉祜等民族都十分擅长竹编，制品以生活用具和渔猎工具居多，有篮、筐、篓、帽、盒、鱼笼等，美观大方，结实耐用，备受人们青睐，每一件制品几乎都是精工之作。

独龙族的手工艺品有藤、篾编制类、纺织类、木制类三种。常见的篾编类手工艺品多为用于盛装东西的器物。其品种繁多，从男子经常使用的旱烟袋到妇女喜爱佩带的挎篓；从盛装粗粮的大背篓到储存食物的小饭盒；从劳动用具背篓、簸箕等到珍藏物品用的果品盒、针线包以及妇女专用的手镯、耳环等，应有尽有。编织材料有树藤、筋竹、毒竹等，质地坚韧柔软，不易折断，可以削出极薄的篾片。编制技艺精湛，器物精巧美观、结实，做工精细到了盛水不漏的程度。

◇ 独龙族篾篓
◇ 1970 年
◇ 竹质
◇ 长 21 厘米、高 17.5 厘米、宽 15.5 厘米

怒江州贡山县独龙族传统生活器具，用于盛装随身携带的物品，也用于采集。竹篾编制，圆口，鼓腹，圆底，有挂带。

◇ 独龙族篾箱
◇ 1970 年
◇ 竹质
◇ 底座长 28 厘米、宽 10.3 厘米，高 21.3 厘米

怒江州贡山县独龙族传统生活器具，用于盛装
纺织物或杂物。竹篾编制，长方形，带盖，以
红色竹篾条作为装饰，用藤编耳以穿系挎带。

◇ 怒族篾盒
◇ 1980 年
◇ 竹质
◇ 长 16.3 厘米、宽 10.8 厘米、高 7.5

怒江州泸水县怒族传统餐具，用于外
出劳作携带饭食。竹篾编制，方形，
带盖。

◇ 拉祜族藤篾挎包

◇ 1970 年

◇ 竹质

◇ 长 25.5 厘米、宽 9.8 厘米、高 28 厘米

临沧市拉祜族传统挎包，用于盛放随身携带的物品。竹篾编制，扁方形，带盖，有挎带。

◇ 傣族腰箩

◇ 1990 年

◇ 竹质

◇ 口径 16.6 厘米、高 23.7 厘米

玉溪市新平县傣族支系"花腰傣"女性的腰间装饰物，用于盛放随身物品，也用于插秧时装秧苗，故又称"秧箩"、"花腰箩"。细竹篾丝编制，方底，圆口，腰略细，多装饰彩线、绒球，以织花带捆系于腰间。

◇ 佤族腰箩
◇ 1960 年
◇ 竹质
◇ 底长 10.5 厘米、宽 11 厘米、高 12.3 厘米

临沧市沧源县佤族用于盛装随身物品
的器具。竹编，髹黑漆，方底圆口，
腰有系耳，穿织花带以捆附于腰间。

◇ 布朗族竹根饭盒
◇ 1980 年
◇ 竹质
◇ 底径 21.5 厘米、口径 14.6 厘米、高 29 厘米

西双版纳州勐海县布朗族传统餐具，用于外出劳
作携带饭食。将竹根剜空、修整而成，平底、鼓腹、
带盖、双耳，穿绳以便提携。

◇ 苗族藤编饭盒　　◇ 1960 年　　◇ 藤质　　◇ 底径 13.7 厘米、盖径 14 厘米、高 6.3 厘米

昭通市镇雄县苗族传统餐具，用于外出劳作携带饭食。藤篾编制，为扁圆形带盖盒。

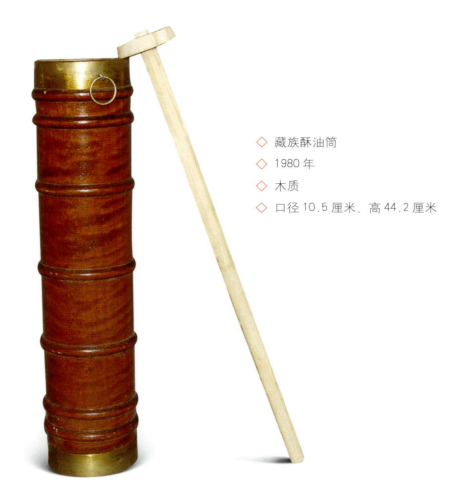

◇ 藏族酥油筒
◇ 1980 年
◇ 木质
◇ 口径 10.5 厘米、高 44.2 厘米

◇ 怒族竹酒筒
◇ 1980 年
◇ 竹质
◇ 直径 5.5 厘米、高 27.4 厘米

怒江州泸水县怒族传统酒具，用于盛装酒水。上生漆，利用竹筒的天然外形制作，带盖。

◇ 独龙族双耳杯
◇ 1970 年
◇ 竹质
◇ 口径 9.2 厘米、高 13 厘米

怒江州贡山县独龙族传统酒具。利
用竹子的天然外形制作，以竹篾丝
固定双柄，造型自然简洁。多用于
两人共饮"同心酒"，象征肝胆相照。

◇ 傈僳族竹酒杯
◇ 1980 年
◇ 竹质
◇ 直径 6 厘米、高 24.5 厘米

怒江州泸水县傈僳族男子传统
酒具，用于盛装酒水。竹筒制做，
带盖，以竹编细条装饰杯身。

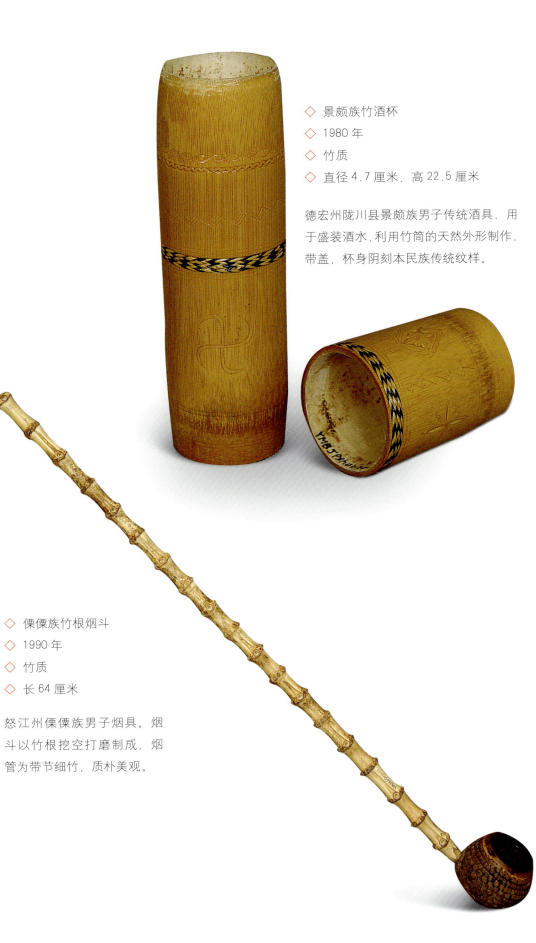

◇ 景颇族竹酒杯

◇ 1980 年

◇ 竹质

◇ 直径 4.7 厘米、高 22.5 厘米

德宏州陇川县景颇族男子传统酒具，用
于盛装酒水，利用竹筒的天然外形制作，
带盖，杯身阴刻本民族传统纹样。

◇ 傈僳族竹根烟斗

◇ 1990 年

◇ 竹质

◇ 长 64 厘米

怒江州傈僳族男子烟具。烟
斗以竹根挖空打磨制成，烟
管为带节细竹，质朴美观。

◇ 汉族戥子秤

◇ 1950 年

◇ 木、铁、骨质

◇ 杆长 35 厘米、称盘直径 8.1 厘米、戥子 4.6 厘米 ×3.2 厘米

大理州大理市汉族称量贵重物品或小件物品的秤，过去多用于称量金银、鸦片和中草药。骨质秤杆，铜质圆秤盘，椭圆形铜戥子，上铸小孔，可调重量，外套木质盒子。

》金属器皿

云南的白族、藏族、傣族等少数民族在制作金属器皿方面有着较高的造诣，无论是用以装饰的金银饰品，还是在生活中所使用的一些铜、锡制作的生活用具，以及各式各样精美绝伦的工艺品，都是由手工制作完成，体现了其独具特色的民族工艺。

◇ 傣族银槟榔盒
◇ 1940 年
◇ 银质
◇ 高 10 厘米、直径 13 厘米

西双版纳州景洪市傣族用于盛装槟榔的器具。圆筒状，带盖，錾刻孔雀、鹿一类祥禽瑞兽纹饰，以乳钉纹、弦纹、波浪纹作装饰。

◇ 藏族镶银碗 ◇ 1975 年 ◇ 木、银质 ◇ 口径 10.7 厘米、高 13.5 厘米

迪庆州香格里拉县藏族传统餐具，多用于招待贵宾。带盖套碗，内为上漆木碗，外包錾花银片，纹饰多见二龙戏珠、卷草纹一类，盖顶镶珊瑚珠，精致美观。

◇ 白族九龙银酒具

◇ 1999 年

◇ 银质

◇ 盘直径 28 厘米、壶高 22 厘米、酒杯 8.5 厘米 ×5.6 厘米

大理市鹤庆县白族工艺酒具，该酒具将传统工艺与现代审美相结合，兼具实用与装饰功能。由錾花龙纹托盘、九龙纹龙柄酒壶和八个龙纹酒杯组成，一壶酒刚好可倒满八个酒杯。由于银离子和酒精互相作用，更觉壶中酒清冽醇香。设计者寸发标为联合国教科文组织命名的民间工艺美术大师、云南省工艺美术大师。

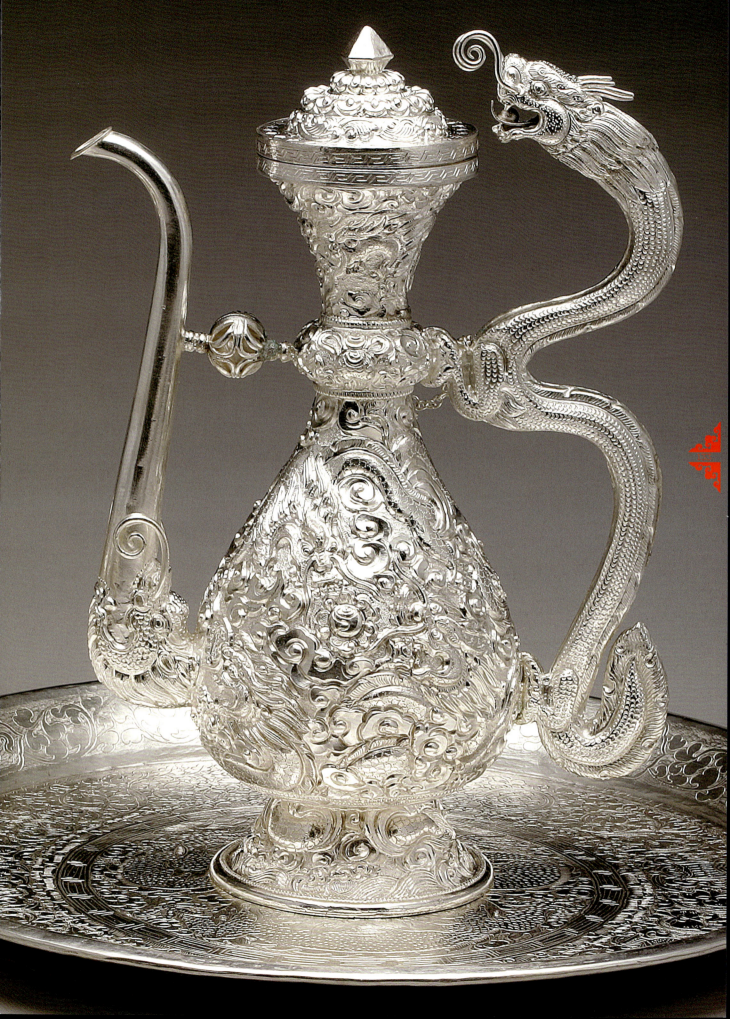

◇ 白族九龙银火锅 ◇ 1999 年 ◇ 银质 ◇ 底径 19 厘米、口径 7.8 厘米、高 30.4 厘米

大理市鹤庆县白族工艺美术品，该器物将传统工艺与现代审美相结合，兼具实用与装饰功能，不失为一件经典之作。由联合国教科文组织命名的民间工艺美术大师、云南省工艺美术大师寸发标设计。火锅通体錾刻九条生动的龙纹，寓"九九归一"之意。龙头由顶盖探出，加水煮沸后，似九龙吞云吐雾，亦幻亦真，蔚为壮观。银器有消炎、防毒功用，所煮菜肴色纯味美，香气逼人。

◇ 藏族银碗
◇ 1980 年
◇ 银质
◇ 碗口直径 16.6 厘米、足托 10.2 厘米 ×13.5 厘米

迪庆州香格里拉县藏族传统餐具，多用于招待贵宾。
银质，高足，镌刻花卉纹、龙纹为饰，多处镀金。

◇ 回族铜净水壶 ◇ 1980 年 ◇ 铜质 ◇ 底径 14.2 厘米、口径 9 厘米、高 27 厘米

昆明市回族盥洗用具，教民做礼拜前行小净时使用。红铜质，敛口，下鼓腹，喇叭形圈足，长流，曲柄。

》漆器

漆器是一种传统的工艺美术品，兼具观赏性和实用性，以色泽光亮、防腐、耐酸碱的特性被人们所喜爱。在云南，使用漆器最为普遍的有彝族、傣族、藏族等。彝族漆器种类繁多，常见的有酒具、餐具、马具、宗教用具等。傣族擅长髹漆工艺，上好的竹编制品通体髹漆，内施朱漆，外用金漆，并用压印或金水漏印工艺装饰器身，多用于赕佛。有竹编提篮、供桌、蜡条盒等。藏族漆器以生活用品居多，有木碗、糌粑盒、酥油筒等，漆工精细，携带方便，深得本民族及周边彝、纳西、普米等民族的青睐。

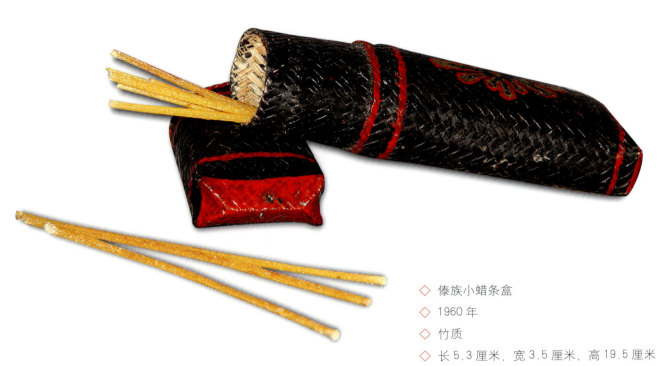

◇ 傣族小蜡条盒
◇ 1960 年
◇ 竹质
◇ 长 5.3 厘米、宽 3.5 厘米、高 19.5 厘米

普洱市景谷县傣族用于盛放祭祀蜡条的器具。竹编，条状，带盖，内装小蜡条。髹漆，以黑、红、金三色为主色调，多见花卉纹。

◇ 傣族髹漆竹提篮

◇ 1980 年

◇ 竹质

◇ 直径 29 厘米、高 26 厘米

普洱市景谷县傣族用于盛放赕佛用品的器具。竹编，圆形，带盖，四足，有提梁。髹漆，绘彩，以黑、红、金三色为主色调，纹饰多见花卉、卷草纹等。

◇ 傣族槟榔盒　◇ 1960 年　◇ 竹质　◇ 直径 17.5 厘米、高 16.4 厘米

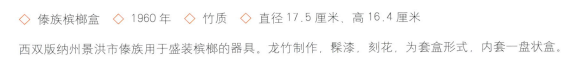

西双版纳州景洪市傣族用于盛装槟榔的器具。龙竹制作，髹漆，刻花，为套盒形式，内套一盘状盒。

◇ 藏族糌粑盒

◇ 1980 年

◇ 木质

◇ 底径 10.5 厘米、口径 18.7 厘米、高 17.9 厘米

迪庆州香格里拉县藏族传统食具，用于盛装糌粑。木质，平底，鼓腹，带盖。髹漆，黑底描金，多见回纹、卷草纹、二龙戏珠等纹样。

◇ 彝族鹰爪杯

◇ 1970 年

◇ 木、骨质

◇ 高 12 厘米、宽 6.5 厘米

丽江市宁蒗县彝族传统酒具。木胎，髹漆，绘彩，足为鹰爪。彝族认为鹰是神鸟，鹰爪是权势的象征，旧时只有地位最高的黑彝阶层才能拥有鹰爪杯。建国后，取消了等级制度，彝族都可以使用此种杯子了，尽管如此，鹰爪难求，拥有的人很少，此物还是多用来接待尊贵的宾客。

◇ 彝族漆酒具

◇ 1980 年

◇ 木质

◇ 直径 26 厘米、高 26 厘米

丽江市宁蒗县彝族传统酒具，过去一般是经济富裕的人家才拥有。木胎，髹漆，包括托盘、酒壶、酒杯等，纹饰精美，造型美观，兼具实用与装饰功能。制作工序为先做胎骨，打磨光滑,填平抹光,上漆绘彩,阴干。

143

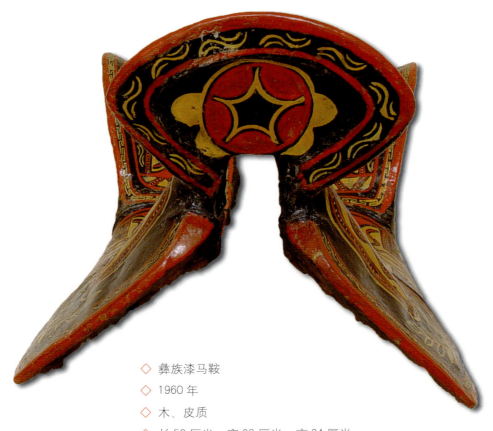

◇ 彝族漆马鞍

◇ 1960 年

◇ 木、皮质

◇ 长 50 厘米、宽 29 厘米、高 24 厘米

丽江市宁蒗县彝族传统马鞍，过去一般是经济富
裕的人家才拥有。木胎，髹漆，绘彩，纹饰多见
太阳纹、羊角纹，兼具实用与装饰功能。

◇ 彝族牛皮漆碗　◇ 1970 年　◇ 牛皮质　◇ 16.5 厘米 ×8 厘米；16 厘米 ×8.5 厘米

丽江市宁蒗县彝族传统食具，过去一般是经济富裕的人家才拥有。牛皮胎，髹漆，绘彩，纹饰多见太阳纹、羊角纹。以黑、红、黄三色为主色调，反映出彝族尚黑、崇火的文化特质。

第四单元　民居建筑

　　在云南独具特色的民族文化中，民居建筑是一个重要的组成部分。云南西部与西南一带的傣族、景颇族、佤族、德昂族、基诺族、拉祜族的民居是用竹、木、草等材料构筑的木房子，古朴中透着几分典雅，给人特别清爽的感觉；西北部的纳西族、白族、彝族等民族的石头房、土掌房颇具特色，保留了中国传统建筑的丰韵。这里的房子多为土木或砖(石)木结构，白墙青瓦，宛如当地山水般清丽。而泸沽湖畔摩梭人的木楞房，则以整根圆木堆垛成壁，用树段劈成板做瓦。这些民居是由远古两种建筑形式——巢居和穴居发展而来。它们是云南各民族适应自然环境、展示文化风俗的智慧结晶，反映出这个民族的审美情趣、社会观念及地域特性。

Unit IV　Folk House Architecture

Folk house architecture is an important composing part in the unique Yunnan national culture. People of Dai nationality, Jingpo nationality, Wa nationality, Deang nationality, Jinuo nationality, and lahu nationality in the west and southwest of Yunnan live in the wood houses made of bamboo, wood, and grass materials. The houses are classic simplicity with a little elegant, and give people a fresh feeling. The stone house and tuzhang house of Naxi nationality, Bai nationality, and Yi nationality in the northwest of Yunnan are very special. They have kept the Chinese traditional architecture's charm. Houses here are mainly earth-wood or brick (stone) structured with white wall grey tile. They are as fresh and beautiful as local scenery. In Lugo lake region, Mosuo people's Muleng houses are made of logs, which are cut into square and stacked as walls, and logs are also cut into board as tiles. These folk houses are developed from two ancient architectural styles-nest building and cave dwelling. They are essence of wisdom of Yunnan people adapting to natural environment and revealing cultural customs, and from them we can see the people's aesthetic interests, social attitude and regional feature.

云南部分民族民居建筑概况

居住民族	分布地域	类型	建筑式样	建筑特点
傣族	云南南部、西部	竹木结构	干栏式	由古代的巢居发展而来。所谓巢居，即像鸟儿筑巢住在高处一样，可以抵御猛兽的袭击。主要以竹、木、草等作为材料建筑房子，多为竹楼的形式。这种竹楼多为两层，楼上住人，楼下养牲畜，通风透气，非常适应热带、亚热带的气候条件。
布朗族	云南西部		干栏式	
佤族	云南西南部		干栏式	
基诺族	云南南部		干栏式	
拉祜族	云南西南部		干栏式	
哈尼族	云南南部		干栏式（蘑菇房）	
景颇族	云南西部		干栏式	
德昂族	云南西部		干栏式	
藏族	云南北部	土木（或砖石）结构	碉房	由古代的穴居发展而来。所谓穴居，即像动物打洞住在洞穴里一样。具有隐蔽性能好，比较坚固的特点。主要以砖（石）或土木为材料建筑房子。保留了中国传统建筑的风格。
彝族	云南北部		土掌房	
白族	云南北部		三房一照壁	
纳西族	云南西北部		三房一照壁	

147

》干栏式

是南方少数民族的建筑风格，古时流行于南方百越民族的居住区，这种建筑以竹木为主要建筑材料，主要是两层建筑，下层放养动物和堆放杂物，上层住人。 这种建筑适合那些居住于雨水多比较潮湿地方的人。

》碉房

是中国西南部的青藏高原以及内蒙古部分地区常见的藏族居住建筑形式。碉房多为石木结构，外形端庄稳固，风格古朴粗犷。碉房一般分两层，以柱计算房间数。底层为牧畜圈和贮藏室，层高较低；二层为居住层，大间作堂屋、卧室、厨房、小间为储藏室或楼梯间；若有第三层，则多作经堂和晒台之用。因外观很像碉堡，故称为碉房。

》土掌房

又称土库房，是彝族先民的传统民居，以石为墙基，用土坯砌墙或用土筑墙，墙上架梁，梁上铺木板、木条或竹子，上面再铺一层土，经洒水抿捶，形成平台房顶。房顶也是晒场，有的大梁架在木柱上，担上垫木，铺茅草或稻草，草上覆盖稀泥，再放细土捶实而成。多为平房，部分为二层或三层。

》三房一照壁

即一家住宅院落由三面房屋和与正房面对的一面照壁（独立的墙壁）组成。正房由一家之主居住，两侧的房子是孩子们住的。正房比两侧的房屋要高，体现长幼有序的礼制。每家都有即可挡风又可反光的照壁，照壁上都有绘画。

◇ 傣族村寨

◇ 摩梭人木楞房

◇ 哈尼族村庄

◇ 彝族土掌房

◇ 沧源佤族大寨

150

◇ 白族民居

◇ 大理白族渔村

◇ 傣族村寨

◇ 壮族村庄

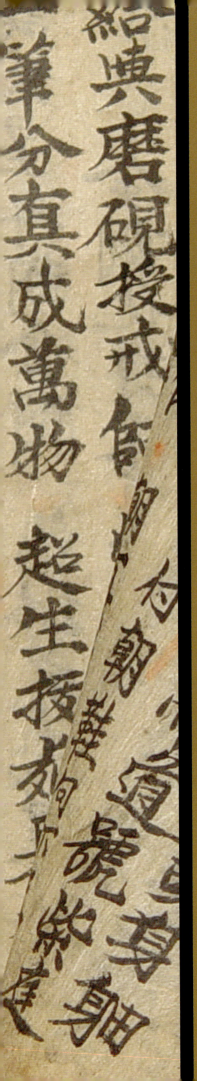

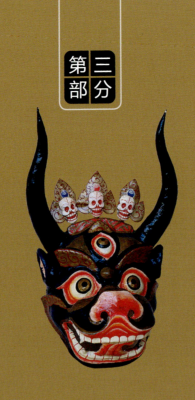

民族宗教艺术

第三部分 民族宗教艺术

　　多民族、多形态是云南省的一大特点。各民族的信仰千差万别，巫、儒、释、道等纷繁芜杂，使得云南民族宗教及其文化艺术在发展演变过程中形成了五个方面的明显特征，即宗教类型上的多元并存性、时间上的历史传承性、空间上的交错性、内容上的混融性以及演变中的宗教文化民俗性。

　　多元的宗教信仰造就了丰富多彩的民族民间宗教艺术。该部分从"吞口面具"、"神兽偶像"、"祭祀图画"、"法器经书"四个方面，展示了形形色色的民族宗教造型艺术，不仅突出其神秘性与丰富性，又揭示出各民族千姿百态的审美心理，让人从中感悟云南少数民族丰富的精神世界。

153

Part III National Religious Art

Multi-nationality and multi-form are two key features of Yunnan Province. Beliefs of each nationality are so different that Witch, Confucianism, Sakyamuni, Tao make Yunnan people's religion and culture have five distinctive features in the developing period, i.e. multi-coexistence from the aspect of religious types, historical inheritance from the aspect of time, interlacing from the space aspect, integration from the content angle, and folk custom from the aspect of religious culture evolution.

Multi-religious beliefs create rich and varied national folk religious art. National religious arts of all forms are shown from four parts: Tunkou mask, zoomorphic deity, sacrifice drawing, ritual implements and scriptures. These religious arts not only highlight their mystery and abundance, but also reveal each nation's varied aesthetic psychology and people can understand the rich inner world of minorities in Yunnan.

第一单元 吞口面具

　　面具，是远古时代产生并传承下来的原始艺术表现形式之一。云南民族面具材质多样、造型奇特、工艺殊异、用途广泛，具有鲜明的民族特色与地域文化特色。材质有木、陶、纸、布、葫芦、稻草、笋壳、棕皮等；工艺兼及雕刻、彩绘、纸糊、编结等；佩戴形式从覆面、套头、手持到顶于额上等，被广泛运用于宗教祭祀、生命礼仪、辟邪镇宅、节日庆典、舞蹈戏剧等民俗活动中。

　　吞口，又称兽牌、虎头牌、天口、喷口等，是悬挂于门楣上用以镇宅的辟邪物，与面具同属驱邪神物，造型风格一致，有的地方面具和吞口互用。云南少数民族悬挂吞口的习俗始于何时已无从考证，但从吞口的造型和使用的习俗看，当与历史上汉民族的移入有关，是外来文化与当地传统宗教文化相结合的产物。目前云南少数民族吞口主要流布于白、彝、瑶、布依、水等民族中。挂吞口要选择时间，并举行开光仪式，方成辟邪物。仪式通常是焚香化纸、宰杀雄鸡、取鸡血蘸在吞口上、念开光咒语，从而赋予面具以生命和神性。

Unit I Tunkou & Mask

Mask is one of primitive art representation forms that created and inherited before the Flood. The national masks in Yunnan are varied in material, peculiar in pattern, unusual in workmanship, and extensive in usage. They have distinctive national character and regional cultural feature. Materials for masks have wood, pottery, paper, cloth, gourd, straw, bamboo shoot shell, etc. Workmanship involves carving, colored drawing, papering, knotting, etc. Masks are usually covered on face, pullover head, hand hold and put on forehead in folk custom activities such as religious sacrifice, life rites, evil ward off and house guard, festival ceremonies, dance, drama, etc.

Tunkou is also called animal plate, tiger head plate, etc. They are hung on the door head to ward off evil and guard houses. The purpose of Tunkou is the same with mask. Both of them belong to evil ward off fetish and with similar pattern. In some region, masks and Tunkou are both used. It can not be proved when the custom of hanging Tunkou started. But from the pattern of Tunkou and customs of usage, we can guess that it should have some relationship with immigration of Han nationality and is the integration outcome of external culture and local traditional religious culture. At present Tunkou, used by minorities in Yunnan, are mainly popular among Bai, Yi, Yao, Buyi, and shui nationalities. Hanging Tunkou should select time and hold Kaiguang ceremony. Then Tunkou can become evil ward off fetish. Usually the ceremony is burning incense and paper (paper made to resemble money and burned as an offering to the dead), slaying roosters, dipping rooster's blood on Tunkou, and saying Kaiguang curse to endue them with life and deity.

◇ 藏族白头金刚面具　◇ 1990 年　◇ 纸质　◇ 长 32 厘米、宽 27 厘米、高 47 厘米

迪庆州香格里拉县藏族为了驱邪求吉举行宗教活动时戴的跳神面具，也叫羌姆面具。状似牛头，羌姆面具中动物面相较多，这些动物在密宗本尊神中担任侍卫和护法，充当护法职责。

◇ 藏族牛头金刚面具 ◇ 1990 年 ◇ 纸质 ◇ 长 37 厘米、宽 27 厘米、高 47 厘米

此件为牛头金刚面具，为降魔金刚，法力无边。迪庆州香格里拉县藏族举行宗教活动时用的跳神面具，也叫羌姆面具。

◇ 水族含剑吞口　◇ 1970 年　◇ 木质　◇ 高 19 厘米、厚 10 厘米

曲靖市富源县水族民间镇宅面具。木质，主要功能为吞邪镇恶，一般
悬挂于堂屋正门头上，以震慑和吞食外界的邪恶，保护家庭平安幸福。
该吞口按形貌为凶神恶煞，特征为凤眼、口含白剑、红脸。
水族挂吞口的习俗主要保存在云、贵交界的水族地区。水族吞口分工
较细，按形貌和功能的不同分为猩猩必煞、凶神恶煞、双剑雾煞、凶
神八煞、送子吞口五种。悬挂吞口时针对房子的朝向和家庭情况选用
不同功能的吞口。猩猩必煞具有吞岩石、洞穴、隐路的功能；凶神恶
煞能保家运大成，做事通顺，六畜兴旺，消灾免难；凡屋临阴风，坐
向朝山的则挂双剑雾煞；家境不顺，是非不断，牲畜频死的挂凶神八煞；
久盼不育的挂送子吞口。

◇ 彝族木瓢吞口　◇ 1990 年　◇ 木质　◇ 长 113 厘米、宽 48 厘米、厚 5 厘米

文山州丘北县彝族镇宅面具。为木制雕刻，状如虎头，彩绘，分成三段，以粗麻绳连接，一般悬挂于门楣上。木瓢吞口源自于彝族虎崇拜，象征吞食妖魔，镇宅守家。

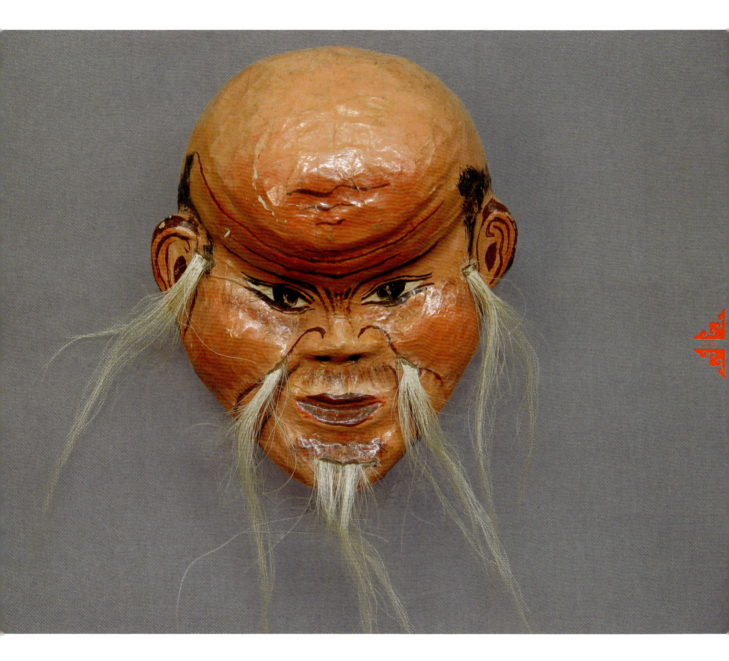

◇ 彝族 "祭龙节" 面具　◇ 1980 年　◇ 纸质　◇ 长 28 厘米、宽 25 厘米、高 17 厘米

红河州石屏县彝族宗教祭祀面具，跳神时使用。面具为白须老人形象，以多层土棉纸糊贴而成，着色，绘形。彝、水等民族的吞口自传入后尽管形制用材、内涵都形成了本民族的特色，但仍保存了虎头造型，形象凶猛狰狞，张牙吐舌，巨口暴眼，口中含剑，舌书 "泰山石敢当" 等咒文，以及眼、口不镂空等各民族吞口所共有的特征，并一直作为重要的镇宅手段传承至今。

◇ 傣族"泼水节"面具

◇ 1981 年

◇ 棕毛、布质

◇ 长 32 厘米、宽 28 厘米、高 20 厘米

临沧市傣族"泼水节"面具。用多层棕毛、布等材料裱糊、着色、绘画而成。泼水节在傣语中称为"卜蕃",是傣族辞旧迎新的节日。戴着面具扮成"蕃"的人, 走在堆沙节队伍前面,舞刀弄棒,驱赶鬼神。

◇ 傣族“泼水节”面具

◇ 1982 年

◇ 棕毛、布质

◇ 长 30 厘米、宽 32 厘米、高 20 厘米

◇ 壮族龙牙歪面具
◇ 1980年
◇ 纸、竹、布质
◇ 长50厘米、宽54厘米、高50厘米

文山州壮族民间举行开年节祭祀牛耕活
动时段用面具。形如兽头，用竹、纸、
布须裱糊而成。

开年节是壮族人民代代相传的节日盛
会，又称"龙牙歪"节，每年一次，正
月第一个属马日（开锣）活动开始，属
猪日结束，猪日为正节。正节这一天，
壮族男女老少敲锣打鼓，跳春牛舞，耍
古兵器，游村串寨，预祝来年风调雨顺、
五谷丰登、国泰民安。

昭通市汉族傩戏面具，也是傩祭面具。傩戏面具是一种以神魔为形象，起驱鬼逐疫作用的道具，有着娱神、娱人的市俗化功能。在傩戏表演中佩戴这种面具可以使演出充满神秘、魔幻的色彩。一般用白杨木、丁木、柳木等轻质木料制做，经雕刻染色而成。

◇ 汉族傩戏面具（妖精）
◇ 1960 年
◇ 木质
◇ 长 24 厘米、宽 12.5 厘米、高 4.5 厘米
此面具为女相，是傩戏主要面具之一。

◇ 汉族傩戏面具（魁星）
◇ 1960 年
◇ 木质
◇ 长 22 厘米、宽 13 厘米、高 5 厘米

◇ 汉族傩戏面具（小进才）
◇ 1960 年
◇ 木质
◇ 长 21 厘米、宽 13 厘米、高 6 厘米

汉族傩戏面具（寿星）

1960 年

木质

长 29 厘米、宽 15 厘米、高 4.5 厘米

此面具是喜乐神，特征为白眉长胡须，喜眉笑眼，谦和慈祥，是傩戏主要面具之一。

◇ 汉族傩戏面具（王灵官）

◇ 1960 年

◇ 木质

◇ 长 28 厘米、宽 14 厘米、高 7.5 厘米

此面具特征为眼球突出，加长胡须，是傩戏主要面具之一。

◇ 壮族面具

◇ 1980 年

◇ 木质

第二单元 神兽偶像

　　多民族的红土高原，在庙宇和村落中，在日常生活、人生礼仪和节庆祭祀等民俗活动中，常能见到造型独特、材质纷呈的崇拜物造像，即神兽偶像。它们只求神韵，不求细部逼真。神兽偶像，既带有神秘性，又散发着亲切的人间气息和民俗风情；既反映了多元文化的融合，又保留了独特的审美风格。

Unit II Zoomorphic deity

On the land of laterite plateau, zoomorphic deities made in peculiar pattern and various materials can be seen in temples, villages, folk custom activities such as daily life, life etiquette, festival and sacrifice, etc. They are made pursuing verve rather than lifelike in details. Zoomorphic deities are mysterious and with earth atmosphere and folk customs. They not only reflect the integration of multi-culture, but also preserve the unique aesthetic style.

◇ 白族瓦猫

◇ 1990 年

◇ 陶质

◇ 高 30 厘米、底长 15 厘米

大理州鹤庆县白族宗教用品，通常置
于房屋屋脊正中，起到镇宅辟邪的作
用。造型独具特色，威严中不失可爱，
体现了白族人民的生存价值观。

丽江市纳西族宗教祭祀用品，是祭司东巴在举行宗教仪式中使用的神鬼泥面偶时的参考模型，一套二十个，造型别致，生动稚朴。东巴教是原始宗教在吸收了藏族苯教、藏传佛教上形成的民族宗教，它把与自己生存相关的自然物和自然力人格化，赋予神性和灵性，对它们顶礼膜拜，并对动物加以崇拜，将很多飞禽走兽视为灵异之物，视为人类的朋友和保护神。这组看似羊头、牛头、鸡头等动物造型的木俑，使人产生一种神密的宗教感，同时也在诠释人与自然、人与社会诸多矛盾复杂的宗教仪式和神秘中的和谐共融。

◇ 纳西族东巴木俑　◇ 1980 年　◇ 木质　◇ 4.2厘米~14厘米

◇ 傣族木雕老人
◇ 1980 年
◇ 木质
◇ 高 43 厘米

西双版纳州傣族赕佛供奉品。傣族宗教
融合了南传上座部佛教、祖先崇拜、原
始宗教等多种宗教信仰。该雕像为拄杖
老人，雕刻手法简洁粗犷，色调简单庄重。

◇ 水族倒立木人
◇ 1980 年
◇ 木质
◇ 高 29 厘米、底径 11 厘米

曲靖市富源县水族宗教工艺品。水族宗教信仰较为多元，有原始宗教、自然崇拜、祖先崇拜，也受到道教文化影响。该件文物与水族的一个传说有关，相传孙悟空大闹天空后，玉皇大帝的大印遗失人间，倒立放置于独山县甲定山上（水族居住地），由于玉皇大帝忌讳"翻天"，所以收了大印宝气，之后，大印便变成了大石，永立甲定山头，该景也称为翻天印。

173

巫术信仰是傣族宗教生活的重要组成部分。傣族阿索，是德宏州傣族民间男子秘密携带的恋爱巫术信物，造型通常为男女拥抱交媾状，体现了傣族对宇宙阴阳的认知以及傣族原始宗教中的生殖崇拜意识。据说携带阿索，可让心仪的女子爱上自己。

◇ 傣族阿索　◇ 1990 年　◇ 木质　◇ 长 4 厘米、宽 3 厘米、高 11 厘米

◇ 傣族阿索
◇ 1990 年
◇ 木质
◇ 长 3 厘米、宽 2.5 厘米、高 11 厘米

◇ 德昂族木雕佛像

◇ 1970 年

◇ 木质

◇ 高 30 厘米、底长 11 厘米

德宏州德昂族宗教用品，供奉
于佛寺中。德昂族全民信仰小
乘佛教，该佛像为坐像，木质
雕刻，描金，做工精细，栩栩
如生。

◇ 哈尼族守护神
◇ 1980 年
◇ 木质
◇ 高 142 厘米、宽 64 厘米

西双版纳州勐海县哈尼族宗教祭祀用品。哈尼族以泛灵崇拜、祖先崇拜、英雄崇拜为信仰中心，并围绕稻作农耕展开，以祈求神灵的护佑，以保人畜平安、稻谷丰收。该造像为女性，雕刻手法简洁粗犷。

 ◇ 佤族守护神
◇ 1980 年
◇ 木质
◇ 高 75 厘米、底长 24 厘米

普洱市西盟县佤族宗教祭祀用品。佤族传统的宗教信仰是万物有灵的自然崇拜，认为万物都有灵魂，即为鬼神。鬼神都有大小之分，最受崇拜也是最大的鬼神就是木依吉和阿依娥。阿依娥是男性祖先，凡有男性的家庭都要供奉他，遇有婚丧嫁娶盖房子也要祭祀他，以求得护佑。

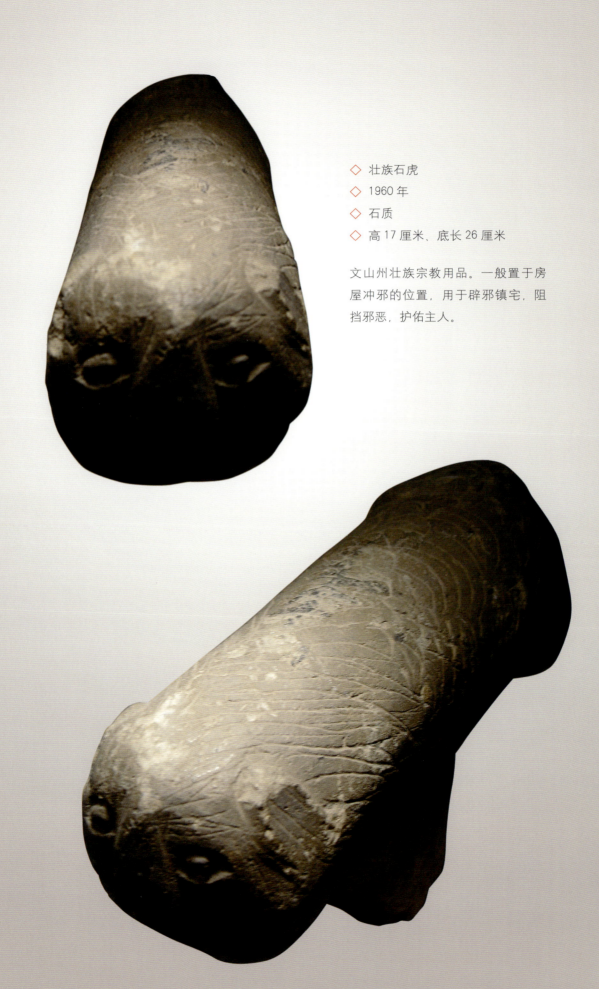

◇ 壮族石虎
◇ 1960 年
◇ 石质
◇ 高 17 厘米、底长 26 厘米

文山州壮族宗教用品。一般置于房屋冲邪的位置，用于辟邪镇宅，阻挡邪恶，护佑主人。

178

第三单元 祭祀图画

　　祭祀图画是云南少数民族用于祭祀活动的民间绘画，由于各民族信仰不同，在形式和内容上也迥然有异。它在形式上有卷轴画、布幅画、纸符画、木刻雕版画等。其内容大多反映本民族崇拜的神灵，有的直接反映原始宗教崇拜对象，有的反映道教主要神灵，有的则取材于佛经故事。云南宗教艺术的纷繁斑斓从这些祭祀图画中可略窥一斑。

Unit III Sacrifice Drawings

Sacrifice drawings are folk pictures used for sacrifice activities by minorities in Yunnan. Due to different beliefs of each nationality, their drawings are also quite different in both form and content. Regarding to form, they have scroll painting, cloth painting, paper seal painting, wood engraving painting, etc. As for the content, most of paintings reflect their adored god, although some of them reflect main gods of Taoism, and some are from sutra. The numerous and complicated religious art in Yunnan can be seen from these sacrifice drawings.

◇ 傣族佛幡绣片　◇ 1985 年　◇ 缎质　◇ 长 34 厘米、宽 10 厘米

◇ 傣族佛幡绣片　◇ 1985 年　◇ 缎质　◇ 长 35 厘米、宽 10 厘米

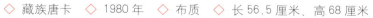

◇ 藏族唐卡　◇ 1980 年　◇ 布质　◇ 长 56.5 厘米、高 68 厘米

迪庆州香格里拉县藏族宗教画卷，用彩缎装裱后悬挂供奉，一般还要请喇嘛念经加持，并在背面盖上喇嘛的金汁或朱砂手印。唐卡的绘制极为复杂，用料极其考究，颜料全为天然的矿植物原料，色泽艳丽，经久不褪，具有浓郁的雪域风格。内容多涉及藏族的宗教、历史、文化艺术等方面。

◇ 瑶族道公画

◇ 1960 年

◇ 纸质

◇ 宽 50 厘米、高 103 厘米

文山州瑶族宗教用品，由祭司"道公"所画，在举行"度戒"仪式时使用，一般悬挂于祭坛两边。度戒是瑶族男子的成人仪式，在瑶族社会生活中至今仍然占据着重要的地位，瑶族认为无论男人年龄大小，只要度戒过关，就是男子汉，就能得到神灵的保护，社会的承认，可以担任全寨的公职，获得男性人生的社会价值。

◇ 纳西族东巴木牌画 ◇ 1980 年 ◇ 木质 ◇ 长 69 厘米、宽 8.5 厘米

纳西语称之为〝课标〞，分为尖头形与平头形两种。尖头形绘的形象，平头形绘鬼的形象，也有只用尖形牌绘神灵鬼怪的，有的还绘写有象形文字。纳西族祭司东巴在各种宗教仪式中用它们插地祭祀。

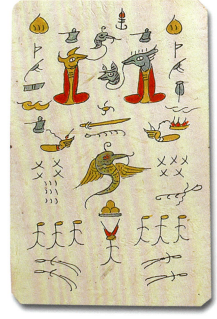

◇ 纳西族东巴纸牌画　◇ 1980 年　◇ 纸质　◇ 长 14 厘米、高 23 厘米

丽江市纳西族祭司东巴的法物，祭祀占卜时使用。由东巴亲手绘制，内容
分为三类，一为占卜使用的纸牌画，画有各种神，并用东巴象形文字释义；
二是山神龙王纸牌画；三是东巴经师所戴五佛冠，画丁巴什罗和四位神像。

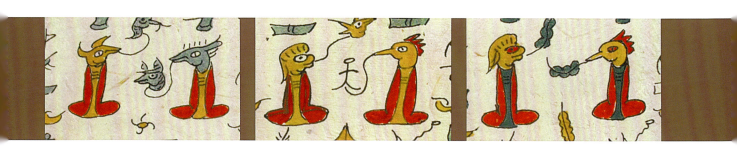

◇ 彝族甲马板　◇ 1980 年　◇ 木质　◇ 长 33 厘米、宽 15.5 厘米

大理州彝族宗教用品，民间木刻板，双面雕刻，用来拓印甲马纸，以消灾驱邪，招魂送灵，祈求平安。"甲马"又称"名纸马"或"甲马纸"，它的形式实质上就是木刻黑白版画，因为它只存在于民间，为区别其他的书籍插图版画和佛、道经版画等，我们称它为民间版画。云南有关民间美术研究的人士多称其为"甲马纸"，这是根据最初收集这种民间版画的保山、腾冲、大理等部分滇西地区的民间称呼而来，由此沿袭成俗。

◇ 彝族甲马板　◇ 1980 年　◇ 木质　◇ 长 18.5 厘米、宽 13.5 厘米

◇ 白族甲马板
◇ 清代
◇ 木质
◇ 长28厘米、宽23.5厘米

大理州白族民间宗教用品，民间木刻版画，用来拓印甲马纸。白族甲马板在汉族甲马的基础上，融入了本民族的价值观念和审美情趣。雕刻线条粗犷，人物造型简练。民间流行的甲马画刻板有上千种。印出的甲马纸一般在祭祀中使用，祭祀结束后焚化，也有张贴在门、灶等处的。

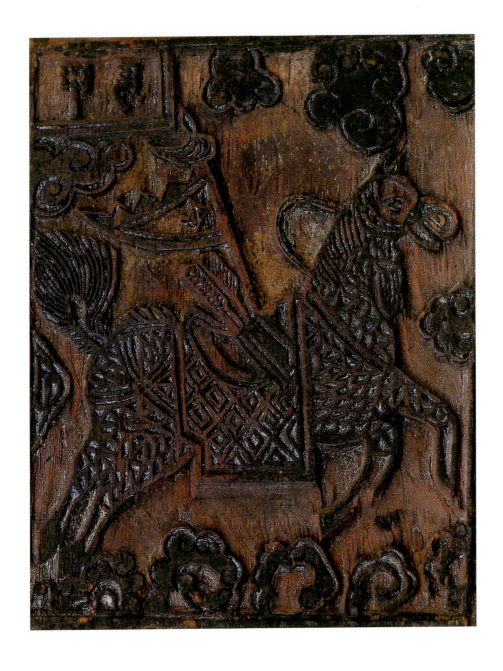

第四单元 经书法器

在少数民族的宗教仪式和法事活动中，使用必不可少的法器，可以起到渲染宗教气氛、弘扬宗教信仰的效果。例如，彝族、普米族、瑶族等少数民族在宗教活动中使用的魔尺、金刚铃、转经筒等法器，以及纳西族东巴经等一些极其珍贵的经书、文献，对展示云南少数民族的宗教艺术及民族宗教文化有着重要的作用。

Unit IV Ritual Implements and Scriptures.

In the minority's religious ceremony and ritual activities, ritual implements are indispensable that can render the religious atmosphere and carry forward the effect of religious belief. For example, the ritual implements, used in Yi, Pumi and Yao people's religious activities (such as magic ruler, diamond bell, and prayer wheels,etc), and some precious scriptures & documents (such as Dongba scripture of Naxi nationality) play vital role in displaying Yunnan minorities' religious art and national religious culture.

◇ 纳西族东巴经
◇ 1970 年
◇ 纸质
◇ 长 29 厘米、宽 8.5 厘米

纳西族主要有两种不同的文字，一种是图画象形文字，被誉为当今世界上唯一"活着的象形文字"，多为纳西族祭司东巴用来书写经书，故被称为"东巴文"，对研究人类文字发展史有重要的学术价值；另一种是音节文字格巴文，由后世东巴弟子们创造使用。

◇ 纳西族东巴经
◇ 1970 年
◇ 纸质
◇ 长 28 厘米、宽 8.3 厘米

纳西族文献古籍资源宏富，以东巴教经籍为主，多为东巴文写本，少部分为格巴文写本，也有两种文字混合使用的写本，用自制土纸书写而成。内容涉及生产、生活、天文、医药、文学、艺术、宗教等方面，是十分珍贵的民族文化遗产。2003 年 8 月被联合国教科文组织列入"世界记忆遗产名录"。

192

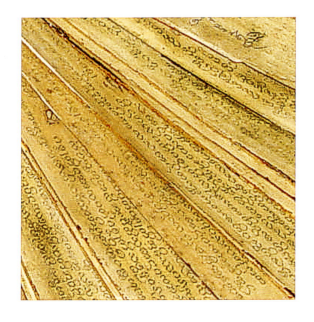

◇ 傣族贝叶经书
◇ 1950 年
◇ 木质
◇ 长 51 厘米、宽 5 厘米

◇ 傣文经书
◇ 1950 年
◇ 纸质
◇ 长 35.5 厘米，宽 9.5 厘米

傣文属于印度婆罗米字母体系，是拼音文字，分为傣仂文（西双版纳傣文）、傣纳文（德宏傣文）、傣绷文（瑞丽、澜沧地区傣族使用）、傣端文（金平傣文）四种。

傣文古籍容量宏博，以傣仂文和傣纳文古籍居多，主要有贝叶经、构皮（绵）纸手抄本和构皮纸经折本三种形式。内容涉及宗教、历史、政治、法律、军事、语言、文学、艺术、医药、水利、天文历法等方面。部分德昂族、布朗族、佤族也使用傣文。

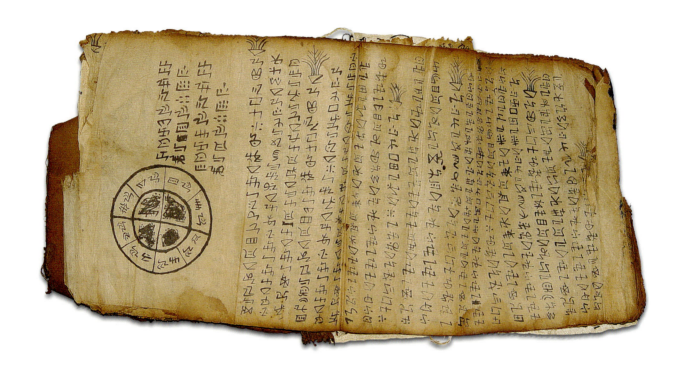

◇ 彝文经书 ◇ 1970 年 ◇ 纸质 ◇ 长 26 厘米、宽 24 厘米

彝文，史称"倮文"、"罗罗文"、"爨文"、"韪书"，有人认为是表意文字，也有人认为是音节文字，还有人认为是表意与音节结合的文字。留存的文献多形成于明、清之际，多数为土绵纸手抄本，也有少量木刻印本和铅印、石印本。通常掌握在彝族祭司"毕摩"手中，故被称为"毕摩经"，内容涉及政治、经济、军事、法律、宗教、历史、哲学、文学、艺术、医药、农业、天文、历法等方面。

◇ 藏族经书

◇ 1970 年

◇ 纸质

◇ 长 54 厘米、宽 11 厘米、高 6.5 厘米

◇ 藏族经书

◇ 1970 年

◇ 纸质

◇ 长 27.5 厘米、宽 7.5 厘米、厚 1.5 厘米

藏文属拼音字母文字。公元 7 世纪，由吐蕃大臣图弥三菩札参照梵文字母体系创制。此后至 15 世纪初的 800 多年间，曾先后经过三次厘定。

◇ 藏族经文木刻板　◇ 1960 年　◇ 木质　◇ 长 71.5 厘米、宽 14 厘米、厚 2 厘米

迪庆州香格里拉县藏族经文木刻雕版，长条形，用于印刷经籍，一般为寺院使用。内容涉及历史、医学、历算、天文等方面。

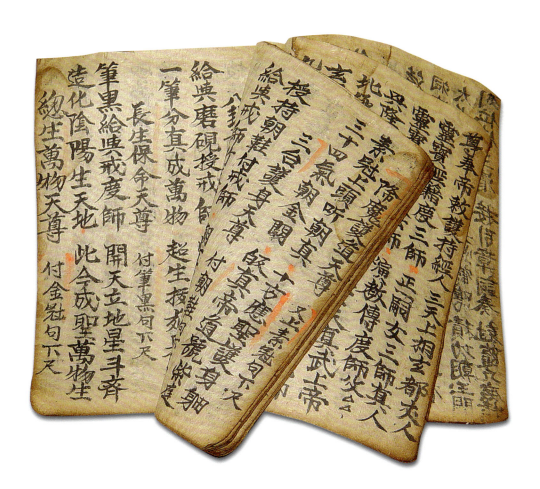

◇ 瑶族经书　◇ 1970 年　◇ 纸质　◇ 长 27 厘米、宽 22 厘米

◇ 普米族韩规经

◇ 1960 年

◇ 纸质

◇ 长 44 厘米、宽 15 厘米

普米族在历史上没有本民族文字，使用藏文和汉文。宁蒗县普米族祭司"韩规"曾使用藏文书写宗教经典，被称为"韩规经"。

》法器

◇ 彝族毕摩法器　◇ 1950 年　◇ 铁质　◇ 长 63 厘米、宽 2.5 厘米

楚雄州大姚县彝族巫师毕摩跳神驱鬼时所用法器，有持柄，形如刀。

◇ 普米族魔尺　◇ 1970 年　◇ 木质　◇ 长 40 厘米、宽 2 厘米

丽江市普米族巫师占卜用具，木制，立体方柱形，四面雕刻图文，可测吉凶祸福。

◇ 苗族卦具
◇ 1975 年
◇ 牛角质
◇ 半径 1.7 厘米、长 11 厘米

文山州广南县苗族巫师占卜用具，称竹
萝。用一段竹子剖成两半。两片内侧皆
下扑，为阴卦；两边外侧皆上仰，为阳卦；
一阴一阳称顺；双阳称阳，主吉；双阴
称阴，主凶。

◇ 傈僳族兽皮竹签卦
◇ 1960 年
◇ 皮、竹质
◇ 长 20 厘米

德宏州盈江县傈僳族民间占卜用具。皮套，竹签。

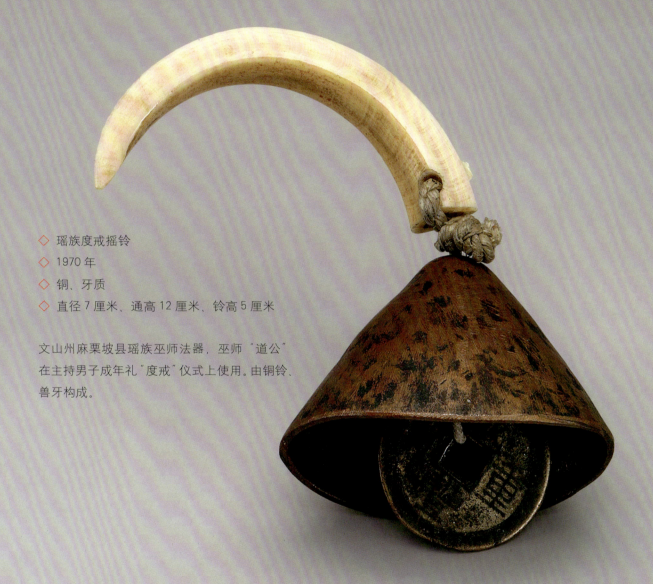

◇ 瑶族度戒摇铃

◇ 1970 年

◇ 铜、牙质

◇ 直径 7 厘米、通高 12 厘米、铃高 5 厘米

文山州麻栗坡县瑶族巫师法器，巫师 "道公" 在主持男子成年礼 "度戒" 仪式上使用。由铜铃、兽牙构成。

◇ 藏族金刚铃
◇ 1960 年
◇ 铜质
◇ 柄长 9 厘米、腹高 7 厘米、口径 8.7 厘米

迪庆州香格里拉县藏族宗教法器，又称"藏
铃"，喇嘛诵经时和金刚杵配合使用。腹内
系一长铁舌，摇动时撞击铜铃发出声响。柄
顶端为金刚杵形状，铃腹壁镌刻莲花瓣、连珠、
狮头、璎珞等纹饰。

◇ 藏族转经筒

◇ 1960 年

◇ 银质

◇ 轮高 13 厘米、柄长 14 厘米

迪庆州香格里拉县藏族宗教用品。银质筒身，錾刻花卉纹，嵌红珊瑚、绿松石，手柄以铜、兽骨合制而成。僧人和信徒在法会或平时诵经用，他们右手摇动转经筒，左手持念珠，口中念念有词。

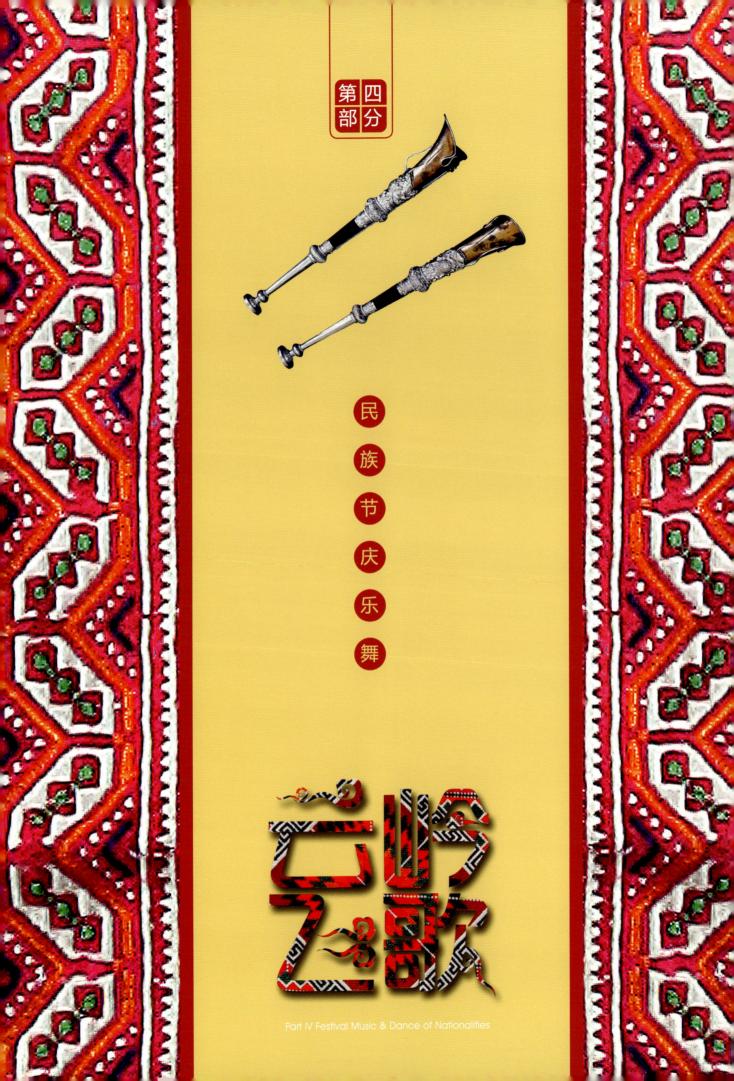

第四部分

民族节庆乐舞

云岭飞歌

Part IV Festival Music & Dance of Nationalities

第四部分 民族节庆乐舞

　　由于人类对艺术锲而不舍的追求，才有今天繁花似锦、异彩纷呈的节日文化和乐舞艺术。云南，有五彩斑斓、灿若群星的歌舞，也有巧夺天工、形制丰富的乐器，它们萌发于各民族人民对真善美的艺术渴求中，并深深根植于云南悠久厚重的文化积淀里。它们是婚丧礼仪、节日庆典、社会交流及宗教活动中不可或缺的媒介和舞台。

Part IV Festival Music & Dance of Nationalities

Nowadays prosperous and various festival culture and music & dance art are owing to the persistence pursue of art by humankind. Yunnan has wonderful sing and dance show, also has excellent and varied musical instruments. They are germinated from eager for the true, good and beautiful art by people of every nationality, and are deeply rooted in the long and massive cultural deposits. Also they are indispensable medium and platform in wedding and funeral ceremonies, festivities, social exchange and religious activities.

云南民族节日一览表

民族	主要节日	时间（除特殊注明外，其他均指农历）	地区
彝族	火把节	六月二十四	各地
白族	三月街	三月十五日	大理
哈尼族	十月年	十月	红河
壮族	三月三节	三月三日	文山
傣族	泼水节	公历4月20日	各地
苗族	花山节	正月初 五月五日	文山、红河、昭通、昆明、楚雄等地
傈僳族	阔什节	十二月下旬	怒江
回族	开斋节	六月	各地
拉祜族	葫芦节	十月十五日	普洱
佤族	新米节	八月十四日	普洱
纳西族	三朵节	二月八日	丽江
瑶族	盘王节	十月十六日	文山
景颇族	目脑纵歌节	正月十五	德宏
藏族	藏历年	藏历正月	迪庆
布朗族	泼水节	公历4月20日	西双版纳
布依族	三月三节	三月三日	曲靖
阿昌族	阿罗窝罗节	正月初四	德宏
普米族	吾昔节（过年）	十二月八日	滇西北
蒙古族	那达慕	公历11月9日	玉溪
怒族	鲜花节	三月十五日	怒江
基诺族	特懋克节	二月六日	西双版纳
德昂族	泼水节	公历4月20日	德宏
水族	三月三节	三月三日	曲靖
满族	颁金节	十月十三日	各地
独龙族	卡雀哇节	公历12月29日	怒江
汉族	春节	正月初一	各地

第一单元 吹管乐器

　　吹管乐器在中国有着久远的历史，这在出土文物、甲骨文和《诗经》的记述中都得到了印证。经春秋、战国，及至秦汉，管乐器得到普遍应用。隋唐是管乐器蓬勃发展的时期，后世又经历了不断改革创新。

　　云南少数民族吹管乐器品种繁多、材质多样、结构独特、音色各异，一般都能吹奏出流畅的旋律，有的还能吹奏和声，在民间器乐合奏中也占有重要位置。在云南民间，至今仍使用着大量独具民族特色的吹管乐器，如景颇族"吐良"、拉祜族葫芦笙、傣族葫芦丝、傈僳族"笛哩吐"等。

Unit I Wind instrument

Wind instrument has long history in China. This can be supported by the unearthed cultural relics, oracle bone inscriptions, and description in Book of Poetry. Wind instrument has been popular used since the Spring and Autumn and Warring States Periods, as well as Qin and Han dynasties. Wind instrument was booming in Sui and Tang dynasties, and innovated by later generations.

Yunnan minorities' wind instrument has numerous variety, various material, unique structure, and different tone. Generally they can be blown out fluent rhythm, and some of them can be blown out harmony. Wind instrument also has an important place in folk instruments ensemble. Nowadays folk people in Yunnan still use many national featured wind instruments, such as "Tuliang" used by Jingpo people, gourd wind instrument by Lahu people, cucurbit flute by Dai people, and "Dilitu" by Lisu people, etc.

彝族长号吹奏场景

》吹管乐器

管乐器大致分为两类：一是无簧类，气息经吹孔在管内以气柱共鸣发音，以笛、洞箫、埙等为代表；二是有簧类，气息先经簧片（或哨子），再以气柱共鸣发音，有单簧类的笙、巴乌，双簧类的唢呐、管等。

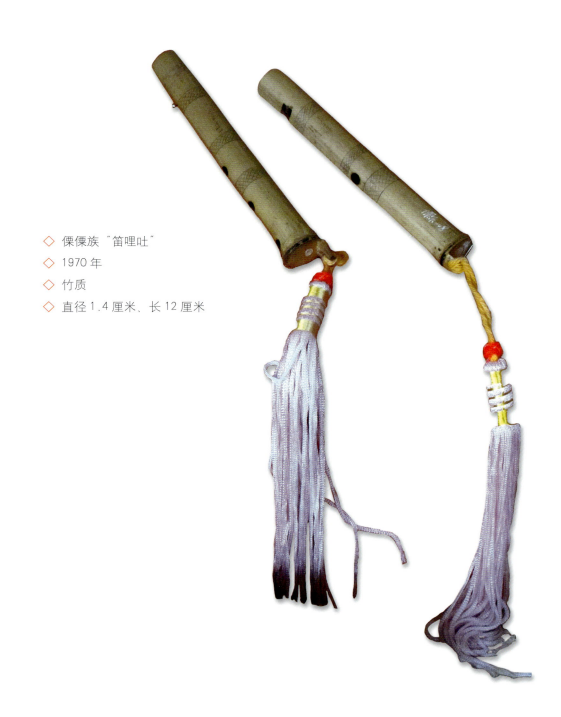

◇ 傈僳族"笛哩吐"
◇ 1970 年
◇ 竹质
◇ 直径 1.4 厘米、长 12 厘米

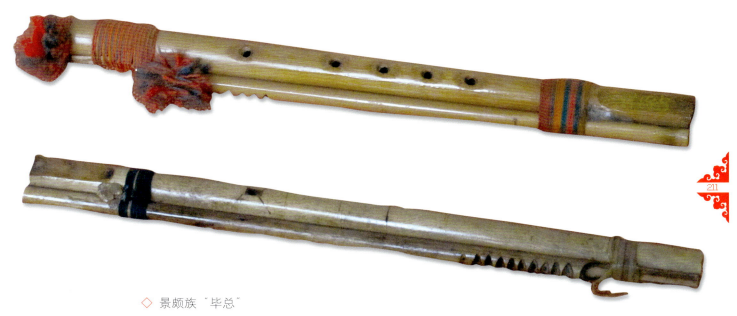

◇ 景颇族″毕总″
◇ 1970 年
◇ 竹质
◇ 直径 2 厘米、长 38 厘米

德宏州盈江县景颇族传统吹奏乐器。竹质, 含主、副两管。
音色细腻柔和、幽雅委婉。多为青年男女谈恋爱时奏以
传情、老人闲时吹奏山歌自娱时用。

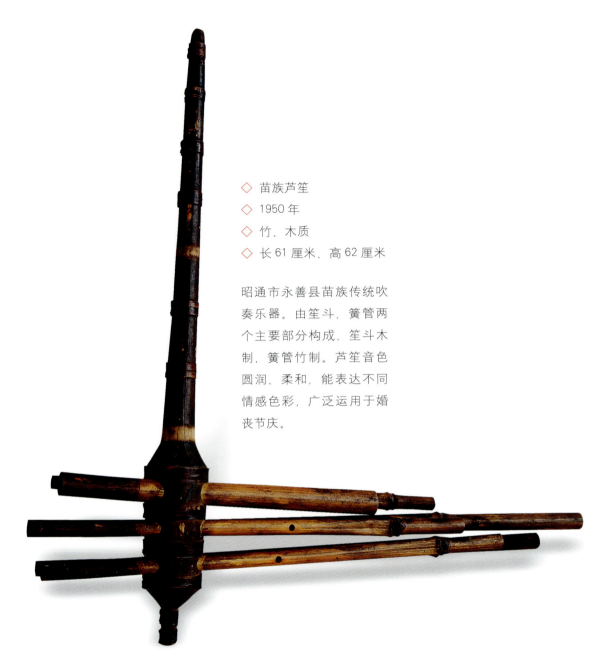

◇ 苗族芦笙
◇ 1950 年
◇ 竹、木质
◇ 长 61 厘米、高 62 厘米

昭通市永善县苗族传统吹
奏乐器。由笙斗、簧管两
个主要部分构成，笙斗木
制，簧管竹制。芦笙音色
圆润、柔和，能表达不同
情感色彩，广泛运用于婚
丧节庆。

苗族芦笙舞表演场景

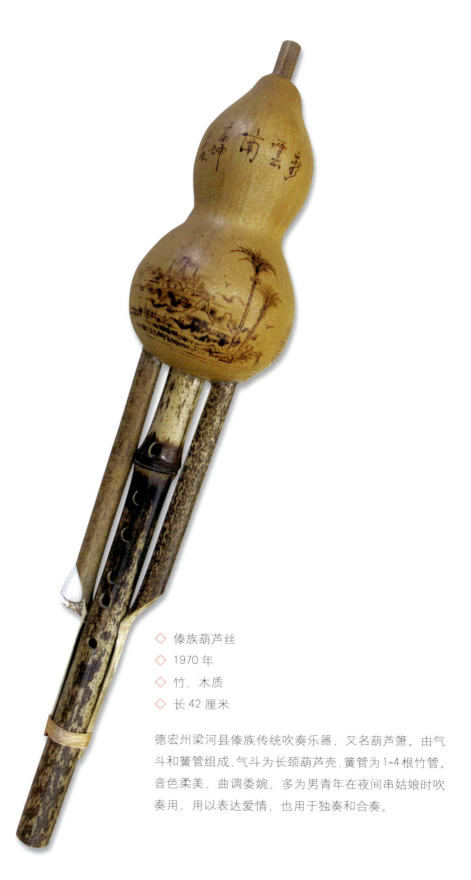

◇ 傣族葫芦丝

◇ 1970 年

◇ 竹、木质

◇ 长 42 厘米

德宏州梁河县傣族传统吹奏乐器，又名葫芦箫。由气斗和簧管组成，气斗为长颈葫芦壳，簧管为 1~4 根竹管。音色柔美，曲调委婉，多为男青年在夜间串姑娘时吹奏用，用以表达爱情，也用于独奏和合奏。

◇ 拉祜族葫芦笙

◇ 1970 年

◇ 竹、木质

◇ 长 21 厘米、高 50 厘米

临沧市双江县拉祜族传统吹奏乐器。
由气斗和笙管组成，气斗为葫芦，笙
管为五根竹管。音色柔美、曲调委婉，
多为男青年在夜间串姑娘时吹奏，用
以表达爱情，也用于独奏和合奏。

彝族葫芦笙吹奏场景

◇ 彝族口弦

◇ 1970 年

◇ 竹质

◇ 直径 2 厘米，长 13 厘米

传统吹奏乐器，数支合串，套以竹筒。可奏出近乎于
语言的乐调，音量较小。男女青年吹奏，用来传情表意，
亦独奏自娱，合奏或伴奏。

◇ 藏族撬撬号　◇ 1990 年　◇ 铜、银质　◇ 口径 8 厘米、长 57 厘米

迪庆州香格里拉县藏族吹奏乐器，喇嘛寺乐队使用。铜质，包银，造型奇特。

普米族牛角号吹奏场景

第二单元 弹弦乐器

弹弦乐器种类丰富，源远流长，琴、瑟在《诗经》中就有记载，琵琶出现于秦汉，唐代文献记述的弹弦乐器达十余种，三弦约在元代被采用于戏曲伴唱，扬琴到明代由西域传入。

云南少数民族使用的弹弦乐器极为丰富，并且有着悠久的历史。傣族的"玎"琴，与西汉时期由西域传入中国的琵琶属不同类型，是唐代"云首琵琶"和"凤首琵琶"的孑遗；纳西族"苏古笃"则是 13 世纪由中亚传入云南的"火布思"。在用途上，各民族乐器迥然有异：彝族月琴及三弦大小、外形不一，广泛运用于山歌对唱伴奏和节日歌舞活动；白族、纳西族三弦则多用于洞经音乐和戏曲伴奏。

Unit II Plucked String Instrument

The Plucked string instrument is varied and longstanding existed. Lute and psaltery were recorded in the Book of Poetry. The Chinese Pipa was appeared in Qin and Han dynasties. The Plucked string instrument recorded in documents of Tang dynasty reach over 10 kinds. Samisen was used for accompaniment of Chinese opera in Yuan dynasty. Dulcimer was introduced from the Western Region during Ming dynasty.

The Plucked string instrument used by Yunnan minorities is various and with a long history. "Dingqin" used by Dai people is different from Chinese Pipa that introduced from the Western Region in Western Han dynasty. It's the relic of "Yunshou Pipa" and "Fengshou Pipa" of Tang dynasty. "Sugudu" (Chinese pinyin) used by Naxi people was introduced from Central Asia in the thirteenth century. The usages of every nationality's instruments are different. Yukins and samisens of Yi nationality are different in size and form and they are extensively used for accompaniment of folk song duet and festival sing and dance activities. Samisen of Bai and Naxi nationalities are mainly used for accompaniment of music and opera.

彝族月琴弹奏场景

◇ 彝族龙头月琴
◇ 1970 年
◇ 木、皮质
◇ 直径 36.5 厘米、高 66 厘米

◇ 白族龙头三弦

◇ 1980 年

◇ 木、皮质

◇ 长 95 厘米、宽 22 厘米

大理州白族传统弹拨乐器，因琴头雕饰龙头而得名。木质琴体，音箱为正六边形，蟒皮蒙面。音色圆润、深沉，主要用于白曲、大本曲伴奏，也可独奏。

彝族三弦演奏场景

◇ 彝族三弦
◇ 1960 年
◇ 木、皮质
◇ 长 90 厘米、宽 17 厘米、高 18 厘米

昆明市石林县彝族传统弹拨乐器。木质琴体，
音箱以羊皮或牛皮蒙面。音色清亮，多用于
节日歌舞活动。

第三单元 拉弦乐器

拉弦乐器的出现较吹奏和弹拨乐器晚得多，公元八、九世纪才有奚琴与轧筝的记述。南宋时期，"马尾胡琴"从西域传入，到元代在民间逐渐得到广泛采用。由于拉弦乐器的音色、音域与人的声音接近，随着伴唱音乐的发展，它也不断得到改进和发展，各个剧种、地方乐曲、地域性音乐也都相继出现了自己独特的拉弦乐器。

云南民族拉弦乐器种类繁多，材质各异。代表性乐器有佤族独弦琴、壮族马骨胡、纳西族葫芦胡等，傣族胡琴更是有椰壳胡、竹筒胡、瓦罐胡、水牛角胡等不同品类。

Unit III String Instrument

The string instrument was appeared late than wind instrument and plucked string instrument. Up to eighth and ninth century, Xiqin and Zhazheng were recorded. During the Southern Song dynasty, horsetail okhiim was introduced from the Western Region and was prevailed in folklore during Yuan dynasty. Since the tone and tonraum of string instrument are similar with the voice of human kind, it was improved and developed continuously along with the development of accompaniment. Every kind of opera, local music, and regional music appeared their unique string instrument one after another.

Nationalities in Yunnan province have various kinds of string instrument, and materials for them are different. The representative instruments include single-string instrument of Wa nationality, horse bone okhiim of Zhuang nationality, cucurbit okhiim of Naxi nationality and so on. For the okhiim of Dai nationality, they have coconut shell okhiim, bamboo tube okhiim, earthen jar okhiim, buffalo horn okhiim etc.

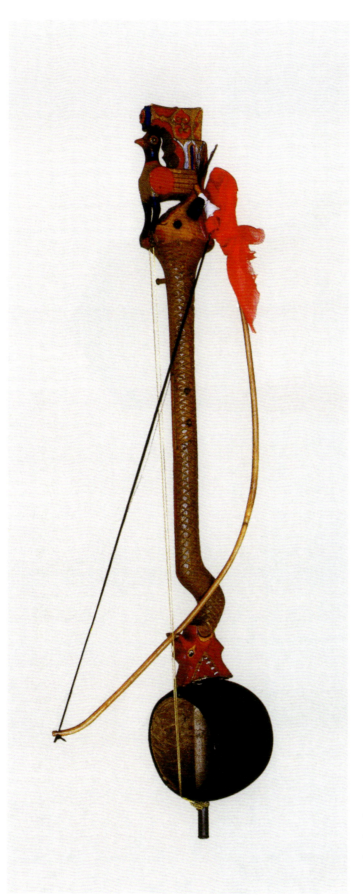

◇ 傣族椰壳胡

◇ 1970 年

◇ 竹、木质

◇ 长 77 厘米、宽 12.5 厘米、高 10 厘米

西双版纳州勐腊县傣族传统拉弦乐器。由
音箱、琴杆和琴弦组成，音箱以椰子壳制
做，琴杆木制。音色柔和，用于〝赞哈〞
演唱伴奏。

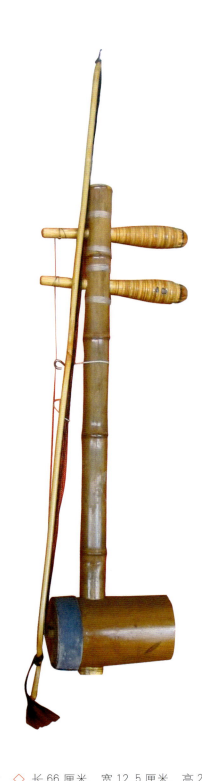

◇ 纳西族胡琴　◇ 1970 年　◇ 木、皮质　◇ 长 66 厘米、宽 12.5 厘米、高 21 厘米

丽江市纳西族拉弦乐器。琴筒以楸木剜空而成，蒙羊皮或蟒皮，硬木或细竹制成琴杆。
音色浑厚圆润，多用于演奏《白沙细乐》、《洞经音乐》，是演奏纳西古乐乐器之一。

第四单元 敲击乐器

敲击乐器是历史最悠久、品种最丰富、使用范围最广的一类乐器。早在殷商时代就已有了一系列鼓、钟、磬等敲击乐器；锣、钹约于秦代流入中土；拍板是盛唐流行音乐的重要击乐。随着时代变迁，戏曲与民间音乐逐渐兴盛，敲击乐器成为了最具民族色彩的乐器。

云南少数民族敲击乐器风格迥异、多姿多彩，有竹、木、皮、铜等不同材质，有敲击、互击、落击、摇击等不同演奏方法，被广泛运用于各种社会活动中，有着丰富的社会功能和文化内涵，具有独特的民族和地域文化特色。傣族象脚鼓与铓锣、佤族木鼓、哈尼族竹脚铃、壮族鱼鼓、白族霸王鞭、彝族烟盒舞具等，是其中的代表性乐器。

Unit IV Percussion Instrument

Percussion instrument is a kind of instrument with the longest history, richest variety, and widest usage range. Drum, bell, stone-chime were appeared as early as Yin and Shang dynasties. Gong and cymbals were introduced into central mainland during Qin dynasty. Clapper was an important percussion instrument for pop music during the glorious age of Tang dynasty. With the time going on, opera and folk music were gradually prospered and percussion instrument has become the most national colored instrument.

The style of percussion instrument of Yunnan minorities is very different. They are made of bamboo, wood, skin, copper, etc. The different play methods, such as mutual beat, drop beat, swing beat and others, were extensively used in all kinds of social activities that have rich social function, cultural essence, and unique ethnic and regional cultural identity. Elephant feet drum and Mang gong of Dai nationality, wooden drum of Wa nationality, Zhujiao bell of Hani nationality, fish drum of Zhuang nationality, overlord scourge of Bai nationality, cigarette case dancing tool of Yi nationality and others are representative musical instruments.

◇ 彝族烟盒舞具　　　　　红河州彝族传统敲击乐器，由装
◇ 1980 年　　　　　　　烟丝的盒子演变而来。古为皮制，
◇ 木质　　　　　　　　今为木制，用手指弹击盒面发声，
◇ 直径 9 厘米、高 5 厘米　用于舞蹈伴奏。

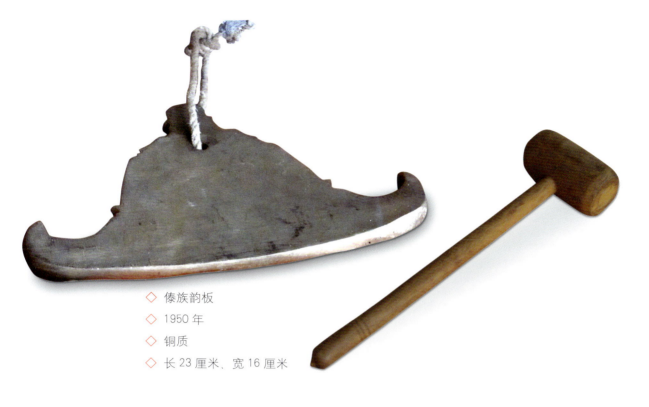

◇ 傣族韵板

◇ 1950 年

◇ 铜质

◇ 长 23 厘米、宽 16 厘米

◇ 傣族小铓锣

◇ 1980 年

◇ 木、铜质

◇ 直径 23.5 厘米

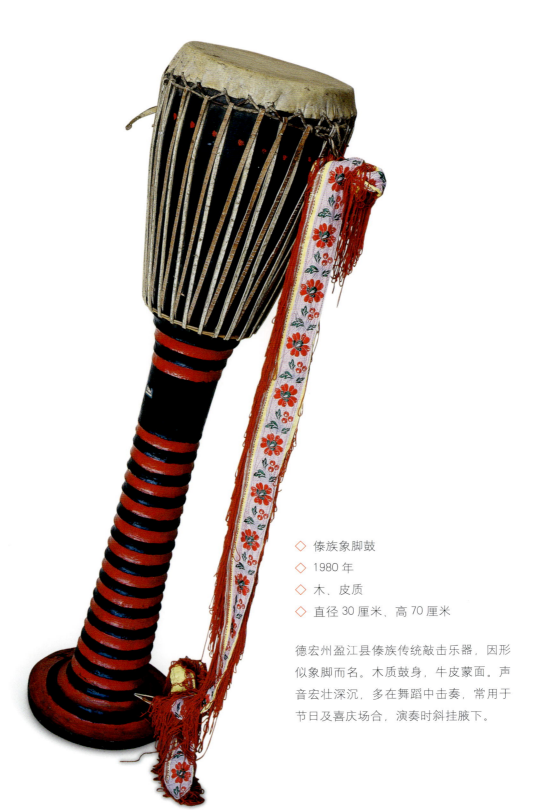

◇ 傣族象脚鼓
◇ 1980 年
◇ 木、皮质
◇ 直径 30 厘米、高 70 厘米

德宏州盈江县傣族传统敲击乐器，因形似象脚而名。木质鼓身，牛皮蒙面。声音宏壮深沉，多在舞蹈中击奏，常用于节日及喜庆场合，演奏时斜挂腋下。

◇ 壮族鱼鼓

◇ 1970 年

◇ 木、皮质

◇ 直径 12 厘米、长 58 厘米

文山州西畴县壮族敲击乐器，因形似鱼
形而得名。木质，鱼形鼓身，鼓面蒙皮。

基诺族大鼓舞表演场景

◇ 壮族百楔鼓
◇ 1920 年
◇ 木、皮质
◇ 直径 33 厘米、高 19 厘米

文山州西畴县壮族敲击乐器，因鼓身嵌有
无数小木楔而得名。木质鼓身，双面蒙牛
皮，以牛皮绳、小木楔绷紧、固定鼓面。

◇ 白族霸王鞭
◇ 1970 年
◇ 竹、铜质
◇ 长 93 厘米、宽 3 厘米、高 2 厘米

大理州大理市白族传统民间舞蹈道具、敲击乐器，又称"金钱棍"。在木棍上挖槽固定数枚铜钱。演奏者表演时可两手各执一棍，也可双手执棍，摇动或敲击棍身部位发出响声。

◇ 白族八角鼓
◇ 1970 年
◇ 木、铜质
◇ 最长 22 厘米、厚 4 厘米

白族八角鼓是由敲击而发音的乐器。演奏时，左手举鼓，以右手掌击，用于民间歌舞伴奏，主要流传于云南大理白族自治州的白族聚居区。白语称其为"滴低鼓"，"滴低"为敲击时所发音响的象声词。白族八角鼓的鼓框实为六角形，单面鼓皮（一般用牛皮或羊皮蒙制），有的八角鼓皮面上还画有蝴蝶图案作为装饰，以突出民族特色。鼓框一般为红色，上有六个长方形的槽，每一个槽内装有铜钱，所以又名"金钱鼓"。

◇ 贡山县独龙族卡雀哇节

◇ 景洪市傣族泼水节

◇ 安宁市苗族花山节

◇ 元阳县哈尼族十月年长街宴

◇ 石林县彝族火把节

◇ 丽江市纳西族三朵节

云 南 省 少 数 民 族 简 表

※ 表中人口数源自 2000 年全国第五次人口普查统计结果

族名	人口（万人）	分布地区	语言文字	主要节日	宗教信仰	从事经济
彝族	470.57	楚雄州、红河州、峨山、路南、宁蒗、南涧和全省山区半山区	彝语，属汉藏语系藏缅语族彝语支，有音节文字彝文	火把节 十月年	多神,有毕摩（祭师），有些人信仰基督教、天主教	以农为主兼营畜牧
白族	150.56	大理州、兰坪、丽江、元江、维西、保山、昆明等县市	白语，属汉藏语系藏缅语族，语支未定，原有白文，已经不用，1958 年设计了白族文字方案，通用汉文	三月街（观音市）、绕三灵、火把节、渔潭会、果子节	佛教、本主教，少数人信仰天主教、基督教	以农为主，手工业较发达
哈尼族	142.50	红河州、江城、墨江、勐海等县	哈尼语，属汉藏语系藏缅语族彝语支，1957 年创制文字	十月年（新年）、六月节（祭田节）、老人节	多神、崇拜祖先	以农为主
傣族	114.21	德宏州、西双版纳州、孟连、耿马、元江、双江等县	傣语，属汉藏语系壮侗语族壮傣语支，有文字	泼水节 开门节 关门节	上座部佛教（小乘佛教）	以农为主
壮族	114.40	文山州、红河、曲靖、昭通等地	壮语，属汉藏语系壮侗语族壮傣语支，原有方块壮文，1956 年创制新文字，通用汉文	歌圩（歌婆节）、陇端节	多神	以农为主

族名	人口（万人）	分布地区	语言文字	主要节日	宗教信仰	从事经济
苗族	104.35	文山州、昭通地区、屏边、武定等县	苗语，属汉藏语系苗瑶语族苗语支	苗年、四月八、龙船节、花山节、吃新节、赶秋节	多神、天主教、基督教	以农为主
傈僳族	60.98	怒江州、维西、丽江等县	傈僳语，属汉藏语系藏缅语族彝语支，原有文字，1957年创制新文字	阔时节、火把节、刀竿节、收获节	多神、基督教、天主教	以农为主
回族	64.32	昆明市、巍山、寻甸、玉溪、红河、昭通、文山等地	通用汉文	圣纪节 开斋节 古尔邦节	伊斯兰教	农村以农为主，城镇以手工业等为主
拉祜族	44.76	澜沧、孟连、双江、镇沅等县	拉祜语，属汉藏语系藏缅语族彝语支，原有文字，1957年作了改进	葫芦节 火把节 新米节	多神，部分人信仰佛教、基督教、天主教	以农为主
佤族	38.30	西盟、沧源、孟连、双江、澜沧等县	佤语，属南亚语系孟高棉语族佤语支，曾有文字，不通用，1975年创制新文字	新米节 火把节 播种节	多神，有少数人信仰佛教、基督教	以农为主

237

族名	人口（万人）	分布地区	语言文字	主要节日	宗教信仰	从事经济
纳西族	29.55	丽江地区	纳西语，属汉藏语系藏缅语族彝语支，曾有东巴文和哥巴文，1975 年创制新文字	三朵节、正月农具会、三月会、七月骡马会、火把节	曾信仰东巴教，部分人信仰喇嘛教、道教、基督教	以农为主，兼营畜牧
瑶族	19.06	文山州、河口、元阳、金平县	瑶语（勉语），属汉藏语系苗瑶语族瑶语支，部分人说苗语，1975 年创制新文字	春节、达努节、耍望节、坦勒贵、干巴节	崇信盘瓠、多神及祖先崇拜	以农为主，兼营林业
景颇族	13.02	德宏州	景颇语、载瓦语，属汉藏语系藏缅语族，有景颇文、载瓦文	目脑节新米节	多神	以农为主
藏族	12.84	迪庆州、丽江、贡山等县	藏语，属汉藏语系藏缅语族藏语支，有藏文	藏历年、旺果节、雪顿节、萨噶达瓦节、达玛节	喇嘛教	农牧为主
布朗族	9.04	勐海、澜沧、双江、镇康、耿马等县	布朗语，属南亚语系孟高棉语族佤语支，通傣、佤、汉语，无文字	泼水节开门节关门节	上座部佛教（小乘佛教）	以农为主

238

族名	人口（万人）	分布地区	语言文字	主要节日	宗教信仰	从事经济
布依族	5.47	罗平、马关、河口、师宗、富源	布依语，属汉藏语系壮侗语族壮傣语支，1956年创制文字，通用汉文	二月二 三月三 六月六	多神、道教	以农为主
普米族	3.29	丽江地区、兰坪县	普米语，属汉藏语系藏缅语族羌语支，无文字	大过年 大十五节 尝新节	喇嘛教	以农为主
阿昌族	3.35	盈江、梁河、陇川	阿昌语，属汉藏语系藏缅语族缅语支，通用汉、傣语，无文字	撒神 泼水节 尝新节	多神、上座部佛教（小乘佛教）	以农为主，兼营手工业
怒族	2.77	怒江州	怒语，属汉藏语系藏缅语族，有怒苏语、柔若语（彝语支）、阿侬语（景颇语支），无文字	仙女节 鲜花节	多神、基督教、天主教、喇嘛教	以农为主
基诺族	2.07	景洪县	基诺语，属汉藏语系藏缅语族彝语支，无文字	特慕克节	崇奉孔明	以农为主

族名	人口（万人）	分布地区	语言文字	主要节日	宗教信仰	从事经济
德昂族	1.78	德宏州	德昂语，属南亚语系孟高棉语族，兼通傣语，无文字	泼水节	上座部佛教（小乘佛教）	以农为主
蒙古族	2.81	通海	云南蒙古族使用汉藏语系藏缅语族彝语支的"卡卓"语，兼通汉语	那达慕鲁班节		以农为主
水族	1.25	富源、罗平	通用汉文	端午节		以农为主
满族	1.22	昆明、大理、东川、曲靖等地	通用汉文	端午节	多与汉族同，有人信仰萨满教	以农为主
独龙族	0.59	贡山、维西	独龙语，属汉藏语系藏缅语族	卡雀哇节	多神	以农为主
克木人	0.2	勐腊、景洪	克木语，属南亚语系孟高棉语族	祭祖节	上座部佛教（小乘佛教）、图腾崇拜	以农为主

附表二

云 南 省 少 数 民 族 语 言 系 属 表

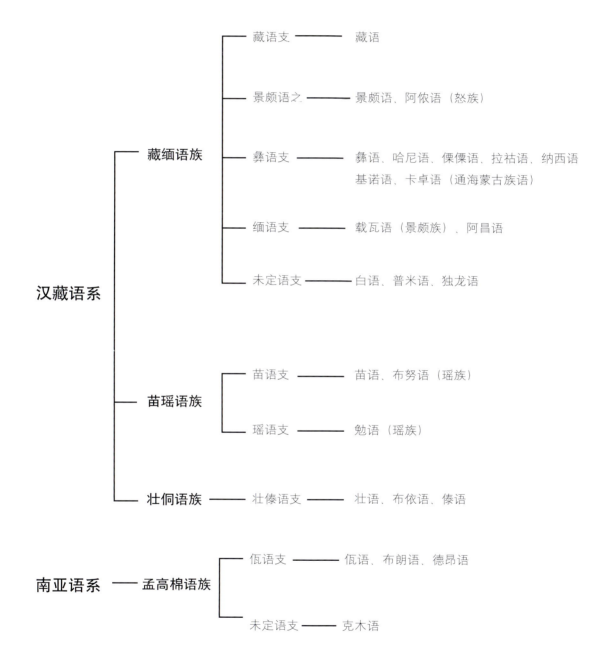

藏缅语族
- 藏语支 —— 藏语
- 景颇语之 —— 景颇语、阿侬语（怒族）
- 彝语支 —— 彝语、哈尼语、傈僳语、拉祜语、纳西语、基诺语、卡卓语（通海蒙古族语）
- 缅语支 —— 载瓦语（景颇族）、阿昌语
- 未定语支 —— 白语、普米语、独龙语

汉藏语系

苗瑶语族
- 苗语支 —— 苗语、布努语（瑶族）
- 瑶语支 —— 勉语（瑶族）

壮侗语族 —— 壮傣语支 —— 壮语、布依语、傣语

南亚语系 —— 孟高棉语族
- 佤语支 —— 佤语、布朗语、德昂语
- 未定语支 —— 克木语

云南省少数民族语言文字一览表

民族	语言系属	语言和方言	原有民族文字	现行民族文字	通用语	通用文
彝族	汉藏语系藏缅语族彝语支	有东、西、南、北、中、东南六个方言	1. 传统彝文 2. 苗文字母形式文字（禄劝）	1. 云南规范彝文 2. 凉山规范彝文	彝语，多数兼通汉语	汉文
白族	汉藏语系藏缅语族语支未定	有南部、中部、北部三种方言	曾有过"汉字白读"的方块白文	白文（新创拉丁字母形式拼音文字）	白语，部分兼通汉语	汉文
哈尼族	汉藏语系藏缅语族彝语支	有哈雅、碧卡、豪白三种方言	1. 汉字式哈尼文字 2. 碧卡方言拉丁字母形式拼音文字	哈尼文（以哈雅方言哈尼次方言为基础创制的拉丁字母形式拼音文字）	哈尼语	主要使用汉文，试行哈尼文
壮族	汉藏语系壮侗语族壮傣语支	主要有侬、沙两种方言	曾模仿汉字造过"方块壮字"	广西壮文	壮语	汉文
傣族	汉藏语系壮侗语族壮傣语支	主要有西双版纳、德宏两种方言	1. 傣泐文 2. 傣纳文 3. 傣绷文 4. 金平傣文 5. 新平傣文	1. 西双版纳老傣文 2. 西双版纳新傣文 3. 德宏傣文	傣语	傣文、汉文
苗族	汉藏语系苗瑶语族苗语支	有川黔滇、滇东北两种次方言	老苗文	1. 川黔滇次方言苗文 2. 滇东北规范苗文 3. 滇东北老苗文	苗语，部分兼通汉语	苗文、汉文

242

民族	语言系属	语言和方言	原有民族文字	现行民族文字	通用语	通用文
傈僳族	汉藏语系藏缅语族彝语支	有怒江、禄劝两种方言	1．音节文字 2．大写拉丁字母形式拼音文字（老傈僳文） 3．格框式拼音文字	1．新傈僳文（新创拉丁字母形式文字） 2．老傈僳文	傈僳语	傈僳文、汉文
拉祜族	汉藏语系藏缅语族彝语支	有拉祜纳、拉祜西两种方言	拉丁字母形式拼音文字	拉祜文（改进的拉丁字母形式拼音文字）	拉祜语	汉文、拉祜文
佤族	南亚语系孟高棉语族佤德昂语支	有布饶、阿佤、佤三种方言	拉丁字母形式的撒拉文	佤文（新创拉丁字母形式拼音文字）	佤语	创新佤文、汉文
纳西族	汉藏语系藏缅语族彝语支	有东、西两种方言	1．东巴文 2．哥巴文 3．玛丽玛萨文 4．阮可文	纳西文（新创拉丁字母形式拼音文字）	纳西语	汉文、创新纳西文
瑶族	汉藏语系苗瑶语族瑶语支（勉语）苗语支（布努语）	有勉语（勉话、门话）布努语（布咋话）两种语言	方块瑶文	1．勉方言瑶文 2．门方言瑶文	瑶语	汉文
藏族	汉藏语系藏缅语族藏语支	康方言	藏文	藏文	藏语	藏文、汉文

243

民族	语言系属	语言和方言	原有民族文字	现行民族文字	通用语	通用文
景颇族	汉藏语系藏缅语族景颇语支（景颇语）缅语支（载瓦语）	有景颇语、载瓦语两种语言;载瓦语又分载瓦、勒期、浪莪、布拉四个方言	1. 拉丁字母形式的景颇文 2. 拉丁字母形式的载瓦文 3. 大写拉丁字母形式及其变体形式的载瓦文	1. 景颇文 2. 载瓦文	景颇语、载瓦语	汉文、改进的景颇文、新创的载瓦文
回族		汉语，在宗教活动中也使用阿拉伯语	阿拉伯文		汉语	汉文
布朗族	南亚语系孟高棉语族佤德昂语支	有西双版纳、镇康两种方言	无	无	布朗语、普通傣语和佤语	傣文、汉文
普米族	汉藏语系藏缅语族	有南、北两种方言	无	无	普米语，部分兼通纳西、彝、汉语	汉文、藏文
怒族	汉藏语系藏缅语族语支未定	有怒苏、阿侬、阿龙、柔若四种语言	无	无	怒语，普遍兼通傈僳语	汉文、傈僳文
阿昌语	汉藏语系藏缅语族缅语支	有陇川、梁河、潞西三种方言	无	无	阿昌语，部分兼通汉、傣、景颇语	汉文

244

民族	语言系属	语言和方言	原有民族文字	现行民族文字	通用语	通用文
德昂族	南亚语系孟高棉语族佤德昂语支	有三种方言	无	无	德昂语，部分兼通汉、傣、景颇语	汉文、傣文
基诺族	汉藏语系藏缅语族彝语支	有基诺、补远两种方言	无	无	基诺语，多数兼通汉语和傣语	汉文
水族		汉语	曾有过由象形文字和倒写或反写的汉字组成的"水书"	无	汉语	汉文
蒙古族		卡卓语	无	无	卡卓语，多数兼通汉语	汉文
布依族	汉藏语系壮侗语族壮傣语支	不分方言	曾借用或仿照汉字创造方块文字	无	布依语	汉文
独龙族	汉藏语系藏缅语族语支未定	有独龙江、怒江两种方言	拉丁字母形式的日汪文	独龙文（在日汪文基础上设计的拼音文字）	独龙语	汉文，试行独龙语拼音方案

245

结 语

　　云南，这片美丽神奇的红土地。立体式的气候造就了"动植物王国"的美誉；丰富的矿产资源赢得了"金属王国"的称号；名山大川，神秘奇景，悠久历史，多彩文化，更使她成为举世闻名的旅游天堂。52个少数民族在这得天独厚的环境中，以其丰富多彩的民俗文化和风情，构成了神奇隽永、韵味无穷的人文景观。它们是中华民俗文化百花园中的瑰宝，与汉族文化交相辉映，向世界展示了多样性文化的无穷魅力。

　　此次《云岭飞歌——云南少数民族民俗风情展》通过光鲜亮丽的服装饰品、巧夺天工的手工技艺、朴拙神秘的宗教艺术、丰富多彩的节庆活动等几大部分四百余件文物，为观众展示了云南少数民族的动人风情和民族文化的独特魅力。朴素中带有唯美，淳厚中不乏精妙，给人们带来了别样的文化熏陶和视觉享受。

Epilogue

Yunnan is a piece of beautiful and magical red land. Its vertical climate makes her good fame of "flora and fauna kingdom", rich mineral resources gains her reputation of "metal kingdom", well-known mountains and rivers, mysterious and extraordinary sight, long history, and varied culture make her become the world known travelers paradise. In the advantaged environment, 52 minorities' varied folk culture and customs form the magical and charming human landscape. They are treasure of Chinese folk culture, which shone together with Han culture and show her varied cultural charm to the world.

In the exhibition, there are several parts with four hundred cultural relics displayed, i.e. bright and beautiful costume and adornment, marvelous handcraft, mysterious religious art, rich festival activities, and so on. Through the exhibition, folk custom and unique charm of national culture of minorities in Yunnan province are vividly presented to people. Also different cultural edification and visual enjoyment are brought to people. They are plain with aestheticism, and unsophisticated with subtlety.

主　　编：李进增　陈永耘

编　　委：梁应勤　李　彤　魏　瑾　李建军　起国庆

图片提供：云南民族博物馆

责任印制：陆　联

责任编辑：李　东

装帧设计：陶　瑾

图书在版编目（CIP）数据

　　云岭飞歌：云南少数民族文物辑萃／李进增，陈永耘主编．
——北京：文物出版社，2011.4
　　ISBN 978-7-5010-3391-1

　　Ⅰ．①云…　Ⅱ．①李…　②陈…　Ⅲ．①少数民族－文物－
云南省－图录　Ⅳ．① K873.74

　　中国版本图书馆 CIP 数据核字（2011）第 277856 号

云岭飞歌——云南少数民族文物辑萃

编　　著：宁夏博物馆　云南民族博物馆
出版发行：文物出版社
社　　址：北京市东直门内北小街 2 号楼
网　　址：http://www.wenwu.com
邮　　箱：web@wenwu.com
经　　销：新华书店
印　　制：深圳雅昌彩色印刷有限公司
开　　本：889mm×1194mm　　　1/16
字　　数：10.7 万
印　　张：15.5
版　　次：2011 年 4 月第 1 版
印　　次：2011 年 4 月第 1 次印刷
书　　号：ISBN 978-7-5010-3391-1
定　　价：218.00 元